간디, 나의 교육철학

마하트마 간디 | 고병헌 옮김

간디, 나의 교육철학

MY VIEWS ON EDUCATION

문예출판사

책 머리에

 전통적인 기준에서 본다면 간디를 교육자라고 말할 수 없을는지 모른다. 그러나 실천적인 삶에서 강하게 발산되는 그의 교육 실천과 교육 사상은 간디야말로 의심할 나위 없이 타고난 교육자요, 참으로 인류의 큰 스승임을 웅변해준다. 삶에서 비롯된 많은 문제들과 삶 자체에 대해서 총체적이고 통합적인 안목을 지닌 간디는 소위 전통적 기준에서 교육자라고 불리는 사람들의 순응적이고 편협한 교육관으로는 도저히 가능하지 않은, 매우 깊이 있고 통찰력 있는 관점을 제시한다.
 교육이란 무엇이며, 교육의 목적과 목표는 또 무엇이어야 하는가? 간디는 많은 사람들이 생각하듯이 '읽고 쓰기'처럼 단순히 문자에 대한 지식을 쌓는 것이 교육은 아니라고 말한다. 생활하는 데 글을 이해하는 능력이 필요하다고 해서 그것을 가르치는 것이 곧 교육이라고 혼동해서는 안 되며, 문해(文

解) 능력은 결코 교육 그 자체도, 교육의 시작도 끝도 아닌, 단지 교육하는 수단 혹은 도구에 불과할 뿐이라는 것이 간디의 생각이다.

간디는 교육의 목적이 인격을 형성하는 것이라는 헉슬리(Huxley)[1]의 생각에 동의한다. 건전한 인격 형성에 도움이 되고 자기 계발을 증진시키는 교육이야말로 참교육이라고 할 수 있으며, 재산을 많이 모으고 사회적으로 높은 지위에 오르며, 편안하고 안락한 생활을 하는 것과 같은 것들은 교육이 교육답게 되는 것, 즉 참교육을 가로막기 때문에 결코 교육의 목적이 되어서는 안 된다. 그런데 정말 문제는 사람들이 참교육이 무엇인지에 대해서 아무 생각이 없어서, 땅값을 매기듯이, 혹은 증권 시장에서 주가(株價)를 평가하듯이 교육의 가치를 평가하고, 그 결과 학생들의 인격을 향상시키려는 고민은 하지

---

1 이름 전체를 표기하지 않아서 확실하지는 않지만, 시대적으로나 내용적으로 보아서 아마도 토마스 헉슬리(Thomas Henry Huxley, 1825~1895) 교수를 의미하는 것 같다. 헉슬리 교수는 "다윈의 불독(Darwin's bulldog)"이라고 불릴 정도로 다윈 진화론의 열렬한 주창자인 동시에 지칠 줄 모르는 교육가요, 많은 작품을 쓴 작가요, 대중 연설가이면서 헌신적인 인본주의자였다. 헉슬리 교수는 영국 초등 교육의 기초를 확립하는 데 그 누구보다도 영향력이 컸으며, 어린이를 훌륭한 시민으로 교육해야 하며, 초등학교 단계에서부터 미술과 음악을 통해서 미적 감수성을 계발해야 한다고 주장하였다.

않으면서 돈이나 많이 벌게 하는 교육을 하려고 하는 것이라고 간디는 말한다.

학생들의 인격을 높이고 참교육을 하기 위해서는 육체노동에 대한 그릇된 인식을 버리고 그 고유의 가치와 존엄을 깨달아야 한다는 것이 간디의 신념이다. 인도의 젊은이들에게 생계를 위해 손과 발을 사용하여 일하는 것이 결코 천하지 않다는 것을 가르쳐야 하며, 오히려 인도 사회는 '생산적인 일'에 적합한 분위기를 형성하는 것이 매우 필요하기 때문에 육체노동이 교육 과정의 핵심적인 부분이 되어야 한다고 간디는 말한다.

그의 조국 인도가 채택해주기를 바라며 내놓은 교육에 대한 구상은 간디가 우리에게 준 많은 훌륭한 것들 중에서도 가장 뛰어난 것이 아닐까 싶다. 그의 교육 계획안은 "지성인을 기르는 참교육은 적절한 운동과 손, 발, 귀, 코 등 신체 기관을 잘 활용할 수 있게 하는 교육을 통해서만 가능하다"는 자신의 신념에 기초하여 지식 교육과 노작(勞作) 교육을 적절하게 조화시킨 것이다. 간디는 바로 이러한 교육만이 '역설적'으로 어린이의 지능을 가장 빠르게 발달시킬 수 있다고 보았다. "몸과 마음의 발달 그리고 영혼의 깨우침이 함께 일어나지 않는 지식 교육은 이미 한쪽으로 기울어진 것이다. 몸과 마음,

영혼을 골고루 발달시키는 것, 이것이야말로 어린이에게나 성인 모두에게 최선의 교육"이라고 간디는 말한다.

그런데 간디는 자신의 교육관을 적절하고 효과적으로 실천하기 위해서는 무엇보다도 봉사 정신으로 충만한, 훌륭한 인격의 교사가 필요하다고 생각했다. 교육을 소명으로 알고 생계를 근근이 유지할 수 있을 정도의 적은 봉급에도 만족할 줄 아는 교사, 이러한 교사가 자신의 역할을 충실하게 잘 수행하게 되면 그 교사의 값어치는 '백만 배'로 뛸 것이라고 간디는 확신했다.

간디는 외국어로 교육하는 것을 당시 인도 교육 체제 가운데 가장 비극적인 것으로 여겼다. 간디는 외국어로 교육하는 것은 "어린이를 신경 쇠약과 과도한 스트레스에 시달리게 만들며, 벼락공부하는 학생으로, 혹은 기껏해야 남의 것을 모방할 줄밖에 모르는 사람으로 만들 것이고, 우리나라 고유의 사고방식이나 일에 대해서 무지하게 만듦으로써 자신이 배운 것을 가족이나 일반 국민들을 위해서 써먹지 못하게 만들고, 우리 어린이를 우리 땅에서 교육하면서 결국 '외국인'으로 만드는 오류를 낳을 것"이라고 보았다.

많지 않은 분량이지만 이 책을 한 장, 한 장 차분하게 읽어나가다보면 독자들은 참으로 큰 소득을 얻게 될 것이다. 또한 간디의 교육관이 아무리 급진적이고, 심지어 혁명적으로 보일지라도, 사실은 인도 고유의 문화와 전통에 기초하고 있음을 발견하게 될 것이다. 어떤 부분은 비실용적이고 비정통적(혹은 이단적)으로 보일지라도, 부디 섣부르게 책을 덮어버리는 실수를 하지 않길 바란다. 만약 그렇게 한다면, 우리 인도는 그에 대한 물질적, 도덕적 대가를 치러야만 할 것이다.

1970년 9월 18일

아난드 힌고라니(Anand T. Hingorani)

차례

6부 모든 교육이 제자리에 있을 때

7부 진정한 의미에서의 정치 교육이 바로 성인 교육이다

1부

몸과 마음의 발달
그리고 영혼의 깨우침

—이것이 바로 최선의 교육

1 도덕 법칙을 잘 이해하는 농부의 마음

교육이란 무엇인가? 사람들은 흔히 글을 배우는 것을 교육이라고 부른다. 그러나 '배운 글'은 선용(善用)될 수도 있지만, 경우에 따라서는 악용(惡用)될 수도 있다. 즉 글을 배운다는 것은 그야말로 단순한 도구에 불과하다. 환자를 치료하는데 사용했던 바로 그 도구로 사람을 죽게 할 수도 있는 것처럼, 글을 안다는 것이 우리에게 도움이 될 수도, 해가 될 수도 있다는 말이다. 그런데 우리가 사는 세상을 보면, 사람들이 지식을 선용하는 경우보다는 악용하는 때가 훨씬 많은 것 같다. 그러니까 지식이라는 것이 현실적으로는 우리에게 이로움보다는 해로움을 더 많이 준다는 사실이 우리의 삶을 통해서 증명되고 있는 셈이다.

그럼에도 사람들은 여전히 교육을 '글자 익히기' 정도로 생각하면서, 이구동성으로 어린이에게 읽기, 쓰기, 셈하기 등을 가르치는 것이 매우 중요하다고 말한다. 그렇다면 한번 생각해보자. 배운 것이 없어서 세상 돌아가는 것에 대해서는 그저 상식적으로밖에 이해하지 못하지만, 성실하게 농사를 지으며 생계를 이어가는, 그리고 부모를 어떻게 모셔야 하는지, 부인을 어떻게 대해야 하는지, 아이들을 어떻게 키워야 하는지, 그리고 이웃들과 어떻게 지내야 하는지를 잘 알고 있는 농부의 경우는 어떠한가? 이 경우, 농부는 소위 '도덕 법칙'을 잘 이해하고 있으며, 또 실제로 실생활에서 그 법칙을 잘 준수하고 있음에도 불구하고 단지 '까막눈'이라는 이유 때문에 사람들은 주저하지 않고 그 농부는 교육을 받아야 한다고 말한다.

자, 그러면, 이때 사람들이 말하는 교육은 그 농부에게 어떤 의미가 있는 것일까? 그 농부의 '까막눈'을 깨우쳐주어서 그가 누리고 있는 행복을 좀 더 크게 만들어주려는 것일까, 아니면 그를 소위 '계몽'시켜서 현재 자신이 얼마나 열악한 생활조건에서 살고 있는가를 알게 만들어주려는 것일까? 그 의도가 무엇이든지 간에, 그 농부에게는 사람들이 이해하고 있는 식의 그런 교육은 사실 별 쓸모가 없다. 하지만 분명 이치가 이러한데도, 사람들은 서구 사상의 큰 물결에 휩쓸려서 그 장단점도 제대로 따져보지 못한 채, 글 깨우치는 교육을 모든 사람에게 해야 한다는 결론에 성급하게 도달하고 말았다.

고등 교육

이번에는 고등 교육에 대해서 생각해보자. 나는 지리학, 천문학, 대수학, 기하학 등을 공부했지만, 그러한 것들이 나에게 과연 어떤 의미가 있는 것일까? 나는 왜 그런 것들을 배웠으며, 그것들은 나 자신과 내가 하는 일에 도대체 무슨 도움을 주는 것일까?

헉슬리 교수는 "의지의 힘으로 육체적 욕망을 통제할 수 있고, 할 수 있는 모든 일을 마치 잘 돌아가는 기계처럼 편안하고 즐겁게 할 수 있으며, 모든 부분이 골고루 힘을 내면서 작업 순서에 따라 부드럽게 작동하는 엔진처럼 분명하고 냉철하며 논리적인 지능과 …… 자연에 대한 본질적인 진리를 깨달은 마음과 …… 부드러운 양심에 순종하는, 정열적인 의지에 충실하게 순종하도록 훈련받은 열정을 소유한 …… 모든 비열한 것들을 혐오하고 남들을 자신처럼 존중하는 사람만이 자연과 조화를 이룬다는 이유에서 진정 자유주의 교육을 제대로 받은 사람"이라고 하였다. 헉슬리 교수는 자연과 조화를 이룬다 함을 인간이 자연을 선용하고 자연이 인간에 의존하는 관계로 해석하고 있다.

만약 우리가 헉슬리의 이러한 교육관을 참교육이라고 한다면, 나는 내가 공부했던 지식들이 나의 감각을 제대로 조절하는 데 별로 도움이 되지 못했다는 사실을 분명하게 짚고 넘어갈 수밖에 없다. 그러므로 초등 교육만 받았는지 혹은 고등 교육까지 받았는지는 사실 중요한 것이 아니다. 어느 단계까지 교육을 받았는지는 인간을 교육하는 일이나 혹은 우리가 자신의 의무를 충실하게 수행할 수 있게 만드는 것과 아무런 관련이 없다.

수백만 명을 위한 것이 아닐지라도

Q 당신이 교육을 받지 않았다면, 당신의 지금 상태와 당신이 가진 모든 능력을 어떻게 설명할 수 있겠습니까?

A 나는 고등 교육이나 혹은 그 이전 단계의 교육을 받지 않았다고 해서 내 인생이 낭비되었을 것이라고는 결코 생각하지 않습니다. 나는 내가 말한 것이 있기 때문에 할 수 없이 봉사하고 있는 것도 아닙니다. 나는 뭔가 남을 위해서, 사회를 위해서 봉사하고 싶었고, 이러한 욕구를 만족시키려고 노력하는 과정에서 내가 받았던 교육을 활용하고 있습니다. 비록 수백만 명을 위한 것이 아니라 오직 당신 한 사람만을 위한 것일지라도, 내가 받았던 교육을 선용하고 있다고 말할 수만 있다면, 그것은 교육에 대한 나의 생각이 옳다는 것을 증명하고도 남을 것입니다. 사실 당신이나 나는 모두 잘못된 교육의 희생자

이며 그래서 우리는 무엇보다도 우리가 받았던 잘못된 교육의 해악에서 되도록 빨리 벗어나려고 열심히 노력해야 합니다. 나는 당신에게 뭔가 도움이 되기를 바라는 마음으로 나의 경험을 들려주고 있습니다. 그리고 그 과정에서 현재 교육이 얼마나 잘못되어 있는가를 보여주려는 것입니다.

그런데 여기서 한 가지 분명하게 해두고 싶은 것은, 글자를 읽고 쓰는 능력의 중요성을 폄하하려는 것이 결코 아니라는 것입니다. 교육을 결코 하나의 숭배 대상으로 만들어서는 안 된다는 것, 이것이 제가 드리고 싶은 말의 핵심입니다. 교육은 우리의 카마두크[Kamadhuk : 경전(經典)]가 아닙니다. 교육은 제자리에 있을 때 비로소 우리에게 이로운 것이 될 수 있습니다. 그리고 우리가 우리의 감각을 잘 조절할 수 있고, 우리의 도덕과 윤리를 굳건한 기반 위에 세울 수 있을 때 교육은 비로소 자기 자리를 찾게 됩니다. 이러한 조건이 만족된 상태에서 교육을 받는다면, 우리는 어떠한 상태에서든지 우리가 받은 교육을 선용할 수 있게 될 것입니다. 이런 교육이라면, 교육은 우리를 아름답게 꾸며주는 훌륭한 장식이라고도 할 수 있겠지요.

이러한 이유에서, 나는 모든 사람이 의무적으로 글자 익히기 식의 교육을 받아서는 안 된다고 주장합니다. 사실 곰곰이 생각해보면, 옛날 선조의 학교 체제로도 충분하다고 생각합니다. 우리 선조는 올바른 인격과 품성을 기르는 것을 가장 중요하게 생각하였고, 그래서 이것이 초등 교육의 가장 핵심적인 목적이었습니다. 올바른 인격과 품성 위에 세워진 '건물'이 오래가는 것입니다.

— 《힌두 스와라지(Hind Swaraj, 1908)》, 51쪽

2 학교 교육은 마술 상자가 아니다

오늘날 아주 흔하게 사용되는 말 중의 하나가 바로 '교육' 이며, 적어도 교육에 관해서라면 모두가 나름대로 일가견을 가지고 있는 듯하다. 현재 공·사립을 막론하고 학교라는 학교에는 모두 학생이 넘쳐나고 있는데, 이러한 사정은 대학에서도 마찬가지다. 그러나 이렇듯 교육열이 매우 뜨거워졌음에도 불구하고, 정작 교육이란 무엇인지에 대해서 깊이 생각하는 사람은 별로 없다.

이제껏 받은 교육이 우리에게 실제로 어떤 도움이 되는 것일까? 만일 어떤 식으로든 도움이 된다고 할 때, 그것은 그 교육을 받기 위해서 우리가 쏟아 부은 돈과 노력에 상응할만한 가치가 있는 것인가? 이러한 질문들이 참으로 중요함에도 불구하고, 우리는 교육의 의미에 대해서는 물론, 교육의 목적과 목표가 어떠해야 하는지에 대해서 별로 심각하게 고민하지 않고 있으며, 참으로 많은 사람이 교육을 단순히 공무원이 되는 데 필요한 자격(증)을 획득하기 위한 수단 정도로 여긴다. 그리고 바로 이러한 생각 때문에, 일단 사람들이 교육을 받고 나면 대대로 이어오는 가업(家業)을 쉽게 던져버리고 남들 눈에 그럴싸해 보이는 직업만을 쫓아다니게 된다. 학교에 다니는 학생들 중에는 석공이라든지 대장장이, 목수, 재봉사, 구두 수선공 등 다양한 직종의 카스트 출신 어린이가 있다. 그런데 그런 어린이가 교육을 받은 후에는 전통적으로 내려오는 기술의 수준을 높여서 가업을 더 발전시키려 하기보다는, 오히려 자기 집안의 가업을 천하게 여기고 사무직에 취직하는 것을 명예롭게 생각한다. 그리고 이 점에 있어서는 그들 부모도 다르지 않는데, 자티[jati : 인도 사회 특유의 신분 제도, 카스트 (caste)]와 카르마(karma)의 관점에서 보면, 이는 우리가 점점 더 노예근성으로 젖어드는 것을 의미한다. 슬프게도 나는 인도 전역을 여행하면서 인도 곳곳에 이러한 노예근성이 만연되어 있음을 보고서 눈물 지은 적이 많다.

도구

교육은 그 자체가 목적이 아니라 도구이며, 바로 이러한 이유에서 건전한 인격을 형성하는 데 도움을 주는 교육만이 참

교육이라고 할 수 있다. 그런데 인도의 현행 교육 체제가 참교
육을 실천하고 있다고는 그 누구도 말할 수 없을 것이다. 오히
려 학교 교육 때문에 자신의 좋은 점을 잃어버린 학생의 수가
엄청나게 많다. 균형 잡힌 시각을 가진 한 영국 작가는 학교와
가정이 서로 조화를 이루지 못하면 학생은 양쪽 모두로부터
지속적인 고통을 받을 수밖에 없을 것이라고 말했다. 그런데
지금 우리 아이들이 학교에서 배우는 것과 가정에서 배우는
것이 완전히 어긋나고 있다. 그리고 이처럼 학교 생활과 가정
생활이 완전하게 모순되기 때문에, 교과서를 중심으로 이루어
지는 교육은 마치 실천하지는 않고 말로만 능숙하게 떠들어대
는 사람들이 하는 '사이비 설교'같이 되어버렸다.

사실 이런 식의 교육을 통해서 얻은 지식은 가정 생활 어디
에도 쓸데가 없다. 부모는 자녀가 학교에서 도대체 뭘 배우고
있는지 알지도 못하고, 또 알려고 하지도 않는다. 공부에 쏟는
노력은 오직 시험을 통과하기 위해서 할 수 없이 하는 '쓸데
없는 고역'일 뿐이며, 그래서 시험만 끝나면 배운 것을 순식간
에 잊어버린다. 생각 있는 몇몇 영국인은 우리가 서구의 것이
면 무엇이든지 무비판적으로 모방하고 있다고 비판하는데, 사
실 틀린 말이 아니다. 이들 중 한 사람은 우리 인도인을 압지
(壓紙)에 비유했다. 원본을 압지에 대고 베껴내듯이 인도 사

람들은 서구 문명 중에서 쓸모없고 나쁜 것까지도 그대로 모
방하고 있다는 것이다. 이 비유는 분명 우리 인도 사람들의 태
도와 행동을 어느 정도 정확하게 설명하고 있기 때문에 부끄
럽지만 인정할 수밖에 없다.

영어로 수업하는 것에 대해서

교육의 근본적인 문제에 대해서 생각하면서, 나는 우리 교
육이 실패하는 가장 중요한 이유 중의 하나가 우리 아이들이
영어로 교육을 받는 데 있다고 본다. 일반적으로 대학 입학 허
가서를 얻으려면 약 12년 간 학교에 다녀야 하는데, 이렇게
긴 세월에 걸친 교육을 통해서 얻은 지식이 불행히도 별 쓸모
있는 것들이 아니다. 그나마 쓸 만한 것이 있다 해도, 그것을
자기가 하는 일에 어떻게든 응용해보려는 노력조차 하질 않는
다. 대신 어떻게 하면 영어를 통달해볼까 하는 데만 모든 노력
을 집중한다. 그런데 이 문제를 전문적으로 연구한 학자들은
초 · 중등학교에서 가르치는 내용을 영어 대신 학생의 모국어
로 가르친다면, 같은 양의 내용을 가르치는 데 최소한 5년 정
도의 시간을 절약할 수 있을 것이라고 주장한다. 이런 비율로
계산하면, 지금처럼 영어로 수업할 때 대학 입시생 1천 명당 5
만 년을 손해 봤다는 계산이 나온다. 이는 참으로 암울한 현실

이며, 우리 모두에게 심각한 걱정거리가 아닐 수 없다. 뿐만 아니라, 영어로 수업을 진행하는 과정에서 우리는 모국어를 매우 피폐하게 만들고 있다.

현행 교육 체제는 실로 자기 자신과 가족 사이에 엄청난 골을 만들고 있다. 우리 부모와 형제, 자매, 여성 그리고 우리가 앞으로 절대적으로 많은 시간을 함께해야 할 대중은 학교 교육을 마치 '마술 상자'처럼 자신에게 뭔가 큰 도움이 될 것으로 생각한다. 실제로는 자신에게 아무런 쓸모가 없는데도 말이다. 여기서 우리는 자신이 처한 물리적 조건이 자신의 욕구를 만족시키기에는 너무 거리가 있을 때 사람들은 쉽게 좌절하게 된다는 사실을 깨달아야 한다. 우리가 진정 단순한 압지 조각에 불과한 것이 아니라면, 현행 교육을 시작한 지 50년이나 지난 지금쯤 대중 속에서 뭔가 새로운 정신이 성장하고 있음을 볼 수 있어야 하지 않는가! 그러나 우리는 많은 시간을 함께해야 할 대중과 접촉조차 하지 않았고, 대중 또한 우리가 자기처럼 미개한 사람이 가까이 하기에는 너무나 학식 있고 문명화되었고, 그래서 자신과 같은 사람들을 무시할 것이라고 생각하면서 우리를 멀리하고 있다.

대학 교육

대학 교육도 마찬가지다. 대학에 있는 동안 우리는 지식의 기초를 다지고 강화한다고 생각하지만, 사실은 그렇지 못하다. 오히려 대학 교육을 받는 동안 많은 사람들이 자신의 모국어를 멸시하고 잊어버린다. 그러고는 말도 안 되고 문법적으로도 엉터리인 영어로 관계도 맺고, 일도 처리한다. 그 결과, 우리는 과학의 다양한 분야에서 쓰이는 기술 관련 전문 용어들을 우리말로 정확하게 번역하여 사용하려는 노력 없이 처음부터 영어 원어를 그대로 사용하는데, 문제는 그럼으로써 기술 관련 전문 용어조차 그 뜻을 충분히 알고 쓰는 사람이 별로 없다는 사실이다. 그리고 대학 교육을 마칠 때쯤 되면, 우리의 지성은 힘을 상실하고 육체마저도 허약해져서 여생을 강장제나 각성제에 의존하여 살아갈 수밖에 없는 처지로 전락해버리고 만다. 그러나 현실이 이러함에도 불구하고 대중은, 그리고 우리 스스로도 우리가 그들의 지도자요, 구원자이며, 그들의 미래를 책임지는 사람이라고 생각하고 있다.

나부터도 우리 교육의 상황을 매우 암울하게 보고 있긴 하지만, 암흑 속에서도 희망의 싹은 여전히 존재한다. 나는 인도 사람은 절대로 영어를 해서는 안 된다고 주장하는 것이 아니다. 우리도 러시아에서 했던 것처럼, 그리고 지금 남아프리카와 일본에서 하는 것처럼 하자는 것이다. 일본에서는 소수의 필요한 사람들만이 영어를 심도 있게 공부해서 영어로 쓴 글 중에서 옮길 만한 가치가 있는 글만을 자기 나라 말로 쉽게 번역해줌으로써, 나라가 온통 영어를 배운다고 호들갑을 떨지 않도록 하고 있다. 이미 우리 중에는 영어가 능숙한 사람이 많이 있고, 그 사람들은 건강과 능력이 허락하는 한 앞으로도 영어 공부를 지속적으로 할 것이다. 따라서 그런 사람들이 열정을 가지고 영어나 다른 외국어로 된 글 중에서 우리 인도 대중에게 도움이 될 만한 것들을 뽑아서 우리말로 쉽게 번역해주면 될 것이다. 우리가 시간을 두고 이런 식으로 꾸준하게 노력하면 현재의 교육 흐름을 바꾸어놓을 수 있다.

- 《교육의 문제(The Problem of Education)》, 3쪽

3 현행 교육 체제는 잘못된 것인가?

Q 현행 교육 체제는 잘못된 것입니까?

A 나는 분명히 잘못되었다고 생각합니다. 영어로 수업을 진행함으로써 학생들에게 부담을 두 배나 더 주고 있습니다. 나는 이것이 참으로 심각한 문제라고 생각합니다. 자두나트 사카 교수 같은 분은 외국어로 교육받은 학생은 지력을 상실하게 된다는 이론을 지지하고 있습니다. 외국어로 하는 교육은 상상력, 즉 창조하고 발명하는 능력을 파괴합니다. 외국어로 수업을 하면, 시간의 거의 전부를 발음을 익히고 숙어를 외우는 데 쓰게 되는데, 이것은 참으로 하지 않아도 될 '헛수고'입니다.

그리고 이러한 교육은 우리를 서구 문명의 맹목적 모방자로, 단순한 압지로 전락시킵니다. 서구 문명의 장점을 배우고 수용하는 것이 아니라, 좋든 나쁘든 그들의 것을 그대로 몽땅 베끼는 것 말입니다. 그 결과, 우리처럼 소위 '교육받은' 사람과 일반 대중 사이에 커다란 골이 생겨났습니다. 우리는 정치는 말할 것도 없고, 건강법이나 사회 복지에 도움이 되는 단순한 문제조차도 대중에게 그들이 이해할 수 있는 언어로 쉽게 설명할 수 없게 되어버렸습니다. 이제 우리는 과거 브라만 계급의 수준으로 퇴보하였습니다. 아니 그들보다 더 퇴보하였다고 하는 것이 정확할는지 모르겠습니다. 그래도 그들은 마음이 깨끗했으며, 나라의 문명을 지키려고 했으니까요. 그래요, 솔직히 우리는 그들만큼도 못 돼요. 우리는 우리가 받은 교육을 잘못 사용하고 있으면서도 마치 대중의 구원자라도 되는 양 행동하고 있습니다.

– 《나바지반(Navajivan)》, 1920년 11월 15일

4 훌륭한 인격의 소유자

헉슬리는 교육의 목적이 인격을 형성하는 것이라고 말했다. 우리 선각자들은 어떤 사람이 베다(Vedas : 인도 최고의 성전. '지식'을 뜻하는 말로, 타고난 지능을 지닌 시인들이 신의 계시를 감지하여 그 시적 통찰력으로 만들었다고 한다)와 샤스트라(Shastras : 힌두교의 성전)의 내용을 아무리 자세하게 꿰고 있더라도 자기 자신에 대해서는 잘 알지 못하거나 혹은 모든 속박에서 자신을 해방시킬 힘이 없다면 아무런 소용이 없으며, "자신을 아는 것이야말로 모든 것을 아는 것이다"라고 말한다. 그런데 자신에 대해서 아는 것은 사실 문자 교육을 받지 않아도 가능하다. 예언자 모하메드는 소위 문맹이었고, 예수 또한 학교에 다닌 적이 없다. 그렇다고 해서 이들이 자기 자신에 대한 깨달음을 얻었다는 사실을 부인할 사람은 아무도 없을 것이다. 예수와 모하메드는 어떠한 시험에도 합

격한 적이 없지만, 그들은 최고의 존경과 경배를 받는다. 그들에게서는 학식 높은 사람에게서 나타나는 모든 특징들을 발견할 수 있다. 그들은 위대한 영적 성취를 이룬 자, 즉 마하트마(聖人)의 경지에 이르렀다.

그러나 성인들이 그랬다고 해서 우리도 무턱대고 성인들이 했던 대로 따라하는 것 또한 무모하기 이를 데 없는 짓이다. 그들이 학교에 다닌 적이 없다고 해서 우리도 학교를 당장 그만둬버린다면, 우리는 성인은커녕 아무것도 될 수 없을 것이다. 우리가 진정 성인에게서 배워야 할 것은, 자신에 대한 깨달음은 오로지 훌륭한 인격을 함양함으로써 얻을 수 있다는 것, 바로 이것이다.

인격이란 무엇인가?

인격이란 무엇인가? 훌륭한 인격의 척도는 무엇인가? 훌륭한 인격의 소유자는 진리와 비폭력, 무소유, 브라마챠르야〔Brahmacharya : 범행(梵行), 즉 수행자가 스승(Guru) 밑에서 학습에 몰두하는 기간을 말한다〕그리고 도둑질 않는 것과 두려움 없는 것 등 여러 맹세들을 실천하려고 노력하는 사람이다. 훌륭한 인격의 소유자는 진리 이외의 모든 삶을 포기할 각오가 되어 있다. 훌륭한 인격의 소유자는 죽을 준비는 되어 있어도 남을 죽이지는 않으며, 자신은 고통을 기꺼이 감수하면서도 남에게 그 고통을 지우려 하지 않는다. 또한 아내를 음욕의 눈길로 보지 않으며, 친구처럼 지낸다. 그리하여 훌륭한 인격의 소유자는 브라마챠르야를 실천하며, 신체의 에너지를 보존하려고 노력한다. 훌륭한 인격의 소유자는 뇌물을 절대로 받지 않으며, 자기 시간뿐만 아니라 남의 시간도 가볍게 여기지 않고, 정당한 이유 없이 돈을 축재하지도 않는다. 훌륭한 인격의 소유자는 편안함과 안락함을 추구하지 않고, 일시적인 기분을 만족시키기 위해서 쓸데없는 것들을 사용하지 않으며, '검소한 삶(simple life)'을 만족스럽게 살아간다. 훌륭한 인격의 소유자는 "소멸될 수밖에 없는 육체가 결코 '나'일 수 없으며, 나는 그 누구도 죽일 수 없는 불멸의 영혼이다"라는 확고한 믿음으로 모든 두려움에서 벗어나고, 황제에게조차도 굽실거리지 않으며, 오직 자신의 의무를 의연하게 수행해간다.

지금까지 말한 것을 학교 교육에서 해낼 수 없다면, 학생, 현행 교육 체제, 교사 모두 비난받아 마땅하다. 그러나 인격의 결함을 개선하는 것은 궁극적으로는 학생 자신의 손에 달려 있는 것으로, 그 누구도 그 학생을 대신해서 해줄 수 있는 것이 아니다. 그러므로 앞서 말했듯이, 우리는 무엇보다도 먼저 교육의 목적을 분명하게 이해하여야 한다. 인격을 도야하겠다는 마음만 있으면, 그 분야의 좋은 책들을 통해서 얼마든지 인격 도야의 방법을 배울 수 있다.

창조주는 이 세상에 선한 것과 악한 것을 모두 만드셨지만, 우화에 나오는 백조가 물에서 나는 것 중에서 가장 좋은 것만을 골라 먹는다는 이야기처럼, 선한 사람은 선을 선택하고 악을 거부한다.

잘못된 정신 상태

그런데 불행히도 많은 학생들이 교육의 참다운 목적이 무엇인지에 대해서 별 관심이 없다. 학생들은 남들도 다 다니니까 아무런 생각 없이 학교에 다닌다. 또 어떤 학생들은 나중에 직장을 얻을 목적으로 학교에 다니기도 한다. 교육을 생계를 위한 수단으로만 여기는 것은 잘못된 정신 상태를 여지없이 드러내는 것이라고 나는 생각한다.

생계를 위한 수단은 바로 우리의 몸이며, 학교는 인격 형성을 위한 곳이다. 만약 학교를 생계를 위한 수단으로 여기면, 그것은 조그마한 가죽 한 조각을 얻기 위해서 버팔로 소 한 마리를 죽이는 꼴이다.

교육을 받아야 하는 이유에 대해선 전혀 생각해보지 않고 학교에 다니는 학생은 먼저 그 목적을 이해하여야 한다. 교육 목적을 제대로 이해한 학생이라면, 앞으로 학교를 인격 형성의 장으로 삼겠다는 결심을 할 수도 있을 것이다. 나는 이러한 결심이 선 학생은 한 달만 지나도 인격이 전보다 훨씬 나아질 것이며, 아마도 친구들이 먼저 그 학생의 인격적 변화를 직접 목격하게 될 것이라고 확신한다. 샤스트라는 "우리는 생각하는 대로 될 것이다"라는 사실을 분명하게 가르쳐주고 있다.

- 《참교육(True Education)》, 196~199쪽

5 돈벌이를 위한 교육

　많은 사람들이 교육의 주된 목적을 돈벌이를 잘하게 만드는 것이라고 확신한다. 하기야 생계를 위한 돈벌이만이 목적이라면 그런대로 봐줄 수도 있겠지만, 문제는 돈벌이가 생계를 위한 것에서 그치지 않는다는 데 있다. 돈을 벌겠다는 목적에는 돈을 많이 벌어서 다른 사람 위에 군림할 수 있는 지위를 얻겠다는 욕심이 도사리고 있다. 교육의 목적이 돈벌이를 위한 것인 한, 그러한 것은 우리가 신봉하는 원칙과 완전하게 일치하는, 흠 없이 완벽한 교육이라고 할 수 없다. 따라서 교육의 목적을 돈벌이라고 여기는 생각을 하루아침에 완전히 바꾸어버릴 수는 없을지라도, 돈벌이를 교육의 가장 중요한 목적에서 부차적인 목적으로 서서히 끌어내리려는 노력이 꼭 필요하고, 또 실제로 가능한 일이라고 나는 믿는다.

　앞서 말한 것처럼, 생계를 위한 돈벌이가 교육의 유일한 목적이 되어서는 안 되지만, 그래도 고려할 필요가 있는 문제임에 틀림없다. 왜냐하면 교육의 목적은 자아 발전인데, 자아 발전이라는 개념은 생활비를 벌 수 있는 능력도 포함하기 때문이다.

－《나바지반》, 1925년 2월 8일

참다운 가치

진짜 문제는 교육이 참으로 무엇인지를 모른다는 것이며, 땅값을 매기듯이 그리고 주식 시장에서 주가를 결정하듯이 교육의 가치를 평가한다는 사실이다. 그래서 교육을 통해서 인격을 향상시킬 수 있는가에 대해서는 전혀 생각하지 않고, 오직 돈벌이를 잘할 수 있게 해주는 교육을 너나없이 원한다. 그런데 이런 논리대로라면, 우리 사회에서 여자는 돈벌이를 할 필요가 별로 없는 상황인데, 그렇다면 여자는 교육받을 필요가 없다고 말할 참인가! 이런 천박한 생각이 지속되는 한, 교육의 참다운 가치를 알기란 참으로 요원할 것이다.

－《참교육》, 38쪽

6 나의 교육관

　어쩌면 조금은 독특할지 모르겠으나 내 나름의 교육관—
나의 동료들은 나의 교육관에 전적으로 동의하지는 않는 듯하
다—이 있는데 여기에 소개해보겠다.

1. 어린이는 여덟 살까지는 남녀가 함께 교육받아야 한다.
2. 어린이 교육은 교사의 지도하에, 주로 공작 과목 혹은 손
　으로 하는 작업에 초점을 맞추어야 한다.
3. 어린이의 진로를 결정할 때에는 어린이 고유의 적성을
　반드시 고려한다.
4. 교육의 모든 단계마다 왜 그러한 교육 과정이 필요한지
　이유를 분명하게 알려주어야 한다.
5. 어린이가 사물에 대해서 이해하기 시작하면 먼저 사물에
　대한 일반적인 지식을 가르치고, '읽고 쓰기'는 나중에

가르쳐도 된다.

6. 어린이는 먼저 기하학적인 모형을 그리는 것을 배워야 하며, 기하학적 모형을 쉽게 잘 그릴 수 있게 된 다음에 글자 쓰는 법을 학습해야 한다. 기하학적 모형 그리기로 기초를 다져놓은 후에 글자 쓰기를 배우면 처음부터 글씨를 바르게 잘 쓸 수 있다.

7. 쓰기보다는 읽기를 먼저 가르친다. 글자는 이전에 본 그림을 회상할 때처럼 그 모양을 머릿속에 담아놓았다가 나중에 머릿속에 있는 글자 모양을 그대로 그려내는 방식으로 배워야 한다.

8. 이런 식으로 배운 어린이는 여덟 살 정도 되면 자신의 능력에 따라 상당한 정도의 지식을 갖게 될 것이다.

9. 어린이는 절대 강제로 가르쳐서는 안 된다.

10. 배우는 모든 것에 어린이가 흥미를 느낄 수 있어야 한다.

11. 교육은 어린이에게 마치 놀이와 같은 것이어야 한다. 놀이는 교육의 본질적인 요소이다.

12. 모든 교육은 모국어로 한다.

13. 어린이에게 글자를 가르치기 전에 국가 공용어인 힌디어와 우르두어를 말할 수 있도록 가르친다.

14. 종교 교육은 반드시 해야 하는데, 교사가 종교에 대해서 말하고 행동하는 것을 어린이가 듣고 익히는 방식으로 교육한다.

15. 아홉 살에서 열여섯 살까지는 어린이 교육의 두 번째 단계이다.

16. 두 번째 단계에서도 가능한 한 남녀 어린이들이 함께 교육받는 것이 바람직하다.

17. 두 번째 단계부터는 힌두교 어린이는 산스크리트어(범어)를, 회교 어린이는 아랍어를 배우도록 해야 한다.

18. 공작 과목 혹은 손으로 하는 작업은 두 번째 단계에서도 계속되어야 한다. 이 단계에서는 필요하다고 판단될 경우 문학 시간을 포함해도 좋다.

19. 이 단계의 어린이는 스스로 원한다는 전제하에서, 선조 대대로 내려온 가업을 물려받는다는 생각으로 부모의 직업에 대해서 배워야 한다. 이것은 여학생에게는 해당되지 않는다.

20. 이 기간 동안 어린이는 세계사와 지리학, 식물학, 천문학, 산술, 기하학, 대수학 등에 관한 일반 지식을 익혀야 한다.

21. 두 번째 단계의 모든 어린이는 바느질과 요리를 배우도

록 해야 한다.

22. 열여섯 살에서 스물다섯 살까지가 세 번째 단계이다. 이 기간 동안 모든 젊은이는 자기의 희망과 환경에 따라 교육받아야 한다.

23. 두 번째 단계(9~16세)에서, 모든 어린이는 학비를 스스로 벌 수 있어야 한다. 즉 공부하면서 생산 활동에도 참여하는 것이 좋으며, 그렇게 하면 일해서 번 돈으로 학비를 충당할 수 있을 것이다.

24. 생산 활동을 경험하는 것은 첫 번째 단계에서부터 시작해야 하지만, 첫 번째 교육 단계에서는 어린이가 학비를 충당할 만큼의 노동을 할 수 없다.

25. 교사에게 너무 높은 임금을 지불해서는 안 되며 생계를 이어갈 정도면 충분하다. 교사는 모름지기 봉사 정신으로 충만하지 않으면 안 된다. 그리고 그 근본도 잘 알지 못하면서, 단지 영어를 좀 할 줄 안다고 해서 아무 외국인이나 초등학교 교사로 세우는 것은 참으로 비열하기 짝이 없는 짓이다. 모든 교사는 자고로 인격자이어야 한다.

26. 학교는 크고 호화스러울 필요가 없다.

27. 영어는 여러 외국어 중의 하나로 가르쳐야 한다. 힌디

어가 국가 공식어이므로 영어는 국제 관계나 국제 무역에 국한해서 사용하도록 하는 것이 좋다.

28. 여성 교육에 관해서는, 나는 그것이 남성 교육과 달라야 하는지, 또 언제 시작하는 것이 좋은지 잘 모르겠다. 하지만 여성도 남성과 같은 교육 시설에서 공부해야 하며, 필요하다면 여성만을 위한 특수 시설도 있어야 한다는 게 나의 생각이다.

29. 성인 문맹자를 위해서 야간 학교가 있어야 한다. 그러나 그들이 읽기, 쓰기, 셈하기를 꼭 배워야 한다고는 생각하지 않는다. 강연 등을 통해서 일반 지식을 얻는 것이 가장 중요하며, 그들이 원할 경우에 한해서 나중에 읽기, 쓰기, 셈하기를 가르치면 될 것이다.

- 《아슈람 실천 계율(Ashram Observances in Action)》, 100~105쪽

7 교육의 문제

　나는 교육이란 어린이를 포함하여 모든 사람의 육체와 정
신(또는 마음) 그리고 영혼 속에서 최고의 것을 이끌어내는
일체의 노력이라고 생각한다. 읽고 쓸 수 있는 능력은 교육의
끝도 시작도 아니며, 그저 교육 방법 중의 하나일 뿐이다. 읽
고 쓸 수 있는 능력 그 자체로는 교육이 아니다. 나는 어린이
교육은 어린이에게 실생활에 유용한 수작업을 가르쳐서 교육
이 시작되는 바로 그 순간부터 무언가 생산할 수 있는 능력을
길러주는 것으로 시작해야 한다고 생각한다. 그래서 만약 국
가가 이들 학교에서 생산되는 물품들을 구입해준다면, 결과적
으로 수작업에 초점을 맞춘 교육이야말로 학교가 경제적으로
자립할 수 있는 기초가 될 것이다.

혁명적인 제안

나는 수작업에 기초한 교육을 통해서만 정신과 영혼이 가장 잘 발달할 수 있다고 생각한다. 물론 수작업을 사회에서처럼 기계적으로 가르치는 것은 아무런 소용이 없고, 과학적으로 가르쳐야 한다. 즉 어린이는 수작업의 모든 과정의 진행과 원리를 이해할 수 있어야 하는 것이다. 그리고 내가 이처럼 확신을 가지고 주장하는 것은 그만큼의 경험이 있기 때문인데, 특히 사람들에게 직조 기술을 가르칠 때 이러한 교육의 효과가 가장 잘 나타난다. 나는 수작업의 교육적 효과에 대한 신념에 기초해서 신발 만드는 기술이나 물레질도 가르쳤는데, 거의 언제나 만족할 만한 교육적 결실을 거두었다.

수학이나 역사, 지리도 수작업을 통해서 교육하는 것이 가능하다. 그러나 경험적으로 보면, 역사나 지리와 같은 주제는 이야기하는 방식으로 가르칠 때 가장 효과가 크다는 것을 알게 되었다. 역사나 지리를 이야기 방식으로 가르치면 교과서를 읽고 칠판에 써가면서 가르칠 때보다 열 배나 더 많은 내용을 가르칠 수 있다. 글자는, 예를 들어 학생이 밀과 왕겨 정도는 구별할 수 있을 정도의 감식력이 생기고 난 후에야 가르칠 일이다. 물론 이러한 제안이 매우 혁명적으로 들릴 것이라는 사실을 알고는 있지만, 이런 식으로 가르치게 되면 힘도 훨씬 덜 들고, 학생도 수년이 걸려야 배울 수 있는 것을 1년 안에 끝낼 수 있게 된다. 한마디로 완전히 경제적인 교육 방식인 것이다.

초등 교육

나는 초등 교육이 고등 교육만큼 중요하다고 생각한다. 가령 모든 대학생이 자신이 알고 있는 지식을 갑자기 잊어버린다고 가정해보자. 수십만 대학생의 갑작스런 기억 상실로 초래될 국가적 손실은 3억^{2}의 인도인이 초등 교육을 받지 않아서 무지의 바다에서 허우적거림으로써 초래될 국가적 손실에 비하면 사실 아무것도 아니다. 물론 여기서 말하는 초등 교육이 글자를 읽고 쓸 수 있는 문해 능력을 말하는 것이 아니다. 문해 능력은 수백만의 인도 성인이 과연 '교육'을 받았는가를 판단하는 적절한 기준일 수 없다.

대학 교육

나는 대학 교육을 혁신해서 국가적 필요에 부응할 수 있도

---

2 이 글을 쓴 당시의 인도 인구가 약 3억이었던 것 같다. 2000년 4월 인도는 인구가 공식적인 통계로 10억이 넘었음을 자축하였다. 그러나 비공식적으로는 13억 정도가 된다는 주장도 있다.

록 만들어야 한다고 생각한다. 기계공학 등 다양한 산업 분야에 학위 과정을 만들고, 교육에 드는 모든 비용은 그 분야의 졸업생을 원하는 산업체가 책임을 지도록 해야 한다. 그래서 타타스(Tatas : 산학 협동체)는 국가의 감독 하에 기술자를 양성하는 대학을 운영하고, 제조공장협의회는 그들이 원하는 인력을 양성하는 대학을, 상업 분야는 상업대학을, 그리고 다른 산업 분야도 마찬가지로 자신이 원하는 인력을 양성하는 대학을 세우면 될 것이다.

예술이나 의학, 농업 분야도 마찬가지다. 현재 몇몇 사립 예술대학은 자립적으로 운영되고 있기 때문에 국립 예술대학은 사실 더 이상 필요가 없다고 볼 수 있다. 의과대학은 병원이 맡아서 운영하면 될 것이고, 또 경제적으로 부유한 계층이 의과대학을 선호하는 경향이 있으니 그들에게서 후원금을 받을 수도 있을 것이다. 농과대학은 그 분야의 특성상 반드시 자립적으로 운영하는 모범을 보여야 하는데, 오히려 이 분야에서 나는 안타까운 경험을 하였다. 그것은 농과대학 졸업생이 알고 있는 지식이 현실적이지 못하고 매우 피상적이라는 것이다. 만약 그들이 국가의 필요에 충실하게 부응하면서, 동시에 자립적으로 운영되고 있는 농장에서 충분한 견습을 받았더라면 '학위증'을 받은 후에 고용주의 비용으로 다시 실질적인 경험을 쌓아야 하는 낭비는 없을 것이다.

　나는 이상의 제안이 단지 공상에 불과하다고는 생각하지 않는다. 우리가 정신적 나태를 벗어던져버리기만 한다면 이러한 제안이야말로 우리의 교육 문제를 해결할 수 있는 매우 합리적이고 실제적인 방안으로 받아들일 수 있을 것이다.

　-《하리잔(Harijan)》, 1937년 7월 31일

8 두 가지 제안

나는 이 땅의 사리사욕이 없고 열린 마음을 가지고 있는 교사들에게 감히 요청하고자 한다. 기존의 교육 형태에서 비롯된 선입견이나 고정관념에 구애받지 말고 자유로운 이성을 활용하여 나의 두 가지 명제에 대해서 한번 곰곰이 생각해보길. 다만, 내가 교육학을 정통으로 공부한 것도 아니고, 그만큼 교육 방법론에 관한 학문적 이론에 대해 무지하다는 이유만으로 나의 교육과 관련된 말이나 글에 대해서 부디 섣부른 판단을 하지 않길 바란다. 지혜라는 것은 종종 갓난아기나 어린애에게서도 나온다고 하지 않는가! 물론 이는 시적인 과장에 불과하다고 할 수도 있겠지만 때때로 어린이에게서 지혜가 나오는 것은 분명한 사실이며, 전문가라는 사람들이 그것들을 다듬어서 과학으로 포장하는 것이다. 따라서 바로 이러한 이유로, 나의 명제에 대해서 순순한 마음으로 그 시비를 가려주길 바라는 것이다. 이전에 썼던 문장 그대로가 아닌, 지금 내 머릿속에 떠오르는 단어로 나의 두 명제를 새롭게 표현하면 다음과 같다.

1. 오늘날 초등학교, 중학교, 고등학교로 나누어져 진행되고 있는 교육을 7년(혹은 그 이상의 기간) 과정의 초등 교육으로 대체해야 한다. 이때, 이 대안적 초등 교육은 대학 입학 자격시험에 필요한 과목까지 포함하여 모든 과목을 가르치는데, 단, 영어 과목을 제외하고 그 대신 우리 아이들이 모든 지식 분야에서 정신적으로 성숙하게 하는 매개체로서의 실과, 실업 교육을 포함한다.
2. 전체적으로 보면, 이것이야말로 교육이 자립적일 수 있는 길이며, 또 반드시 그렇게 될 것이다. 실로 이 경제적 자립이야말로 대안적 초등 교육의 가장 핵심적 특성이라고 할 수 있다.

- 《하리잔》, 1937년 9월 18일과 10월 2일

9 내가 꿈꾸는 새로운 나라

나는 수백만의 문맹자가 득실거리는, 가난에 찌든 인도를 꿈에라도 생각하고 싶지 않다. 나는 그 천재성에 걸맞게 늘 최선의 방향으로 지속적으로 발전하는 인도를 꿈꾸고 있다. 내가 꿈꾸는 새로운 인도는 저물어가는 서구 문명을 그대로 혹은 그보다는 약간 뒤쳐지는 수준에서 모방한 그런 나라가 아니다. 만일 나의 꿈이 실현된다면, 인도의 그 수많은 마을이 모두 다 잘 사는 지역이 될 것이고, 문맹자도, 또 일자리가 부족하여 빈둥거리는 사람도 없이 모두가 사회적으로 유용한 일을 하며, 영양이 풍부한 음식을 먹고 통풍이 잘 되는 집에서 살며, 몸에 걸칠 손으로 짠 무명천도 충분하며, 마을 주민들 모두 공중위생법을 잘 알고, 또 잘 지킬 것이다. 이러한 나라에서는 대체로 다양한 욕구가 많이 생겨나기 마련인데, 국가는 경기가 크게 침체되지 않는 한 그러한 욕구를 충족시켜줄 수 있어야 하며, 바로 이러한 이유 때문에 나는 모든 교육비를 국가가 지원해야 한다는 생각을 하는 것이다. 또한 내가 꿈꾸는 새로운 나라에서는 사회적인 요구가 있는 한 그 요구에 맞게 도서관을 많이 세워줄 것이다.

반면, 내가 생각하는 나라에는 너무 많은 지식을 억지로 쑤셔 넣느라고 머리가 쇠약해질 대로 쇠약해지고, 또 마음은 영국인처럼 영어를 말하고 써보겠다고 무모하게 덤벼드는 바람에 거의 마비되어버린 학사와 석사들이 없을 것이다. 학사니, 석사니 하는 사람들 중에는 뚜렷하게 하는 일도 없고 직장도 없는 사람이 많으며, 직장을 갖고 있다고 하더라도 대학 교육까지 포함해서 12년 동안 자신이 받은 교육과는 전혀 관계없는 사무직에 종사하는 경우가 태반이다.

대학 교육

대학 교육이 국가적으로 활용도가 높으면 대학은 자연히 자립적으로 될 수 있는 것이다. 개인에게도, 국가에게도 도움이 되지 못하는 교육을 위해 돈을 낭비하는 것은 참으로 범죄와 같은 짓이다. 그리고 개인에게 유용한 것이 국가에게는 그렇지 못한 경우는 없다. 그런데 교육에 대한 나의 생각을 비판하는 사람들조차도 지금 우리의 대학 교육은 전혀 현실적이지 못하기 때문에 국가에도 별다른 도움이 되지 못하고 있다는 사실에 동의하고 있는데, 이 점에 있어서는 초등 교육이나 중등 교육도 마찬가지 상태다.

만일 대학 교육이 현실에 기반을 두고 완전히 모국어로 교육을 진행한다면, 내가 그러한 대학 교육을 반대할 이유가 전혀 없으리라. 여기서 현실에 기반을 둔다는 말은 국가의 요구와 필요에 부응한다는 뜻이다. 그래서 대학 교육이 국가의 필요에 충실히 부응할 수 있으면, 그때는 국가가 그 비용을 지불하는 것이 당연하다. 그러나 대학 교육이 국가의 필요에 부응하고 국가는 그에 따른 비용을 책임지는 바람직한 시대가 오면, 오히려 국가의 도움 없이 개인의 자발적인 헌신으로 운영되는 교육 기관이 많이 생겨나게 될 것이다. 물론 그러한 교육 기관에서 이루어지는 교육은 국가에 도움이 될 수도 있지만, 그렇지 않을 수도 있다. 오늘날 인도에서 교육으로 불리는 많은 것들이 사실은 후자의 범주에 속하는 것들이기 때문에, 나는 할 수만 있다면 국가 재정에서 그러한 교육 기관들을 지원하는 것을 중단하게 하고 싶다.

-《하리잔》, 1938년 7월 30일

2부

자신의 마을에 대한
찬란한 전망을 갖기를

10 튼튼한 기초 세우기

부실한 기초 위에 큰 구조물을 세우는 광경을 우리 사회 곳곳에서 종종 목격할 수 있다. 초등 교육을 맡고 있는 사람을 우리는 의례적으로 교사라 부르고 있지만, 사실 그들을 '교사'라고 부르는 것은 그 단어를 잘못 사용하고 있는 것이다.

전체 삶에서 가장 중요한 시기가 바로 어린 시절이며, 이 시기에 습득된 지식은 결코 잊히지 않는 법이다. 그런데 문제는 이처럼 중요한 시기에 우리 아이들이 별로 중요한 지식도 얻지 못하면서 학교라는 곳에 방치되어버린다는 사실이다. 그리고 이후의 교육을 위해서 고등학교나 대학교를 세우고 꾸미는 데에만 감당하기 힘들 정도의 엄청난 돈을 쓰고 있다. 그러나 만약 제대로 교육받은, 자질 있고 경험이 많은 교사가 학생들의 건강이 잘 관리되고 그들을 둘러싼 자연 환경의 아름다움이 잘 보존되는 분위기 속에서 초등 교육을 하게 된다면, 우리는 짧은 시간 안에 훌륭한 성과를 얻게 될 것이다. 하지만 지금의 교사들을 가지고는 월급을 두 배로 올려준다고 해도 결코 소기의 목적을 달성할 수 없을 것이다. 월급 인상과 같은, 그런 하찮은 변화들로써는 우리가 원하는 큰 결실을 맺을 수 없기 때문이다. 참으로 초등 교육의 성격을 근본적으로 변혁해야 한다. 물론 이 일은 매우 힘들고 어려움도 많겠지만, 그렇다고 해서 결코 우리 능력 밖의 일이라고는 생각하지 않는다.

여기서 나는 우리 초등학교 교사들의 문제점을 드러내는 것이 내가 의도하는 바가 아니라는 점을 분명히 하고자 한다. 그들은 사실 대단히 열악한 상황에서 일해야 함에도 불구하고, 때로 기대 이상의 성과를 보여주기도 한다. 나는 이것이 우리의 고귀한 문화와 전통 덕분이라고 생각한다. 만일 현재의 교사들에게 충분히 격려해줄 수만 있다면, 그들은 지금으로서는 상상조차 할 수 없는 엄청난 결과를 만들어낼 수 있을 것이라고 나는 확신한다.

-《참교육》, 34쪽

11 이야기하듯이, 그림 그리듯이(1)

깊이 생각하고 많이 실험해본 끝에, 나는 초등 교육은 최소 1년 동안 책 없이 진행되어야 하며, 그 이후라도 책을 사용하는 것은 최소로 줄여야 한다는 결론에 도달하게 되었다.

만일 초등 교육의 시작부터 책을 사용하고 글자를 암기하도록 강요한다면, 한창 발달할 시기에 다양한 능력의 계발이 정체되고 지적 발전도 가로막히게 된다. 아이들은 태어나자마자 배우기 시작하는데, 그러한 배움은 대체로 눈과 귀 그리고 여러 감각 기관을 통해서 이루어진다. 그래서 일단 말하는 법, 즉 단어의 소리를 흉내내게 되면, 그 다음부터는 매우 쉽게 언어를 사용할 줄 알게 된다. 당연한 말이지만, 어린이는 부모의 말투를 따라하게 된다. 부모가 품위 있고 고상한 취미를 가지고 있으면, 그 자녀도 부모를 닮아서 발음을 정확하게 하려 하고 행동이나 자세도 바르게 하려고 한다. 사실 이처럼 가정에서 보고 배우는 것이야말로 어린이에게는 정말로 실질적인 교육이다. 그래서 우리의 문화와 전통이 지금처럼 망가지지만 않았어도 가정이야말로 어린이를 위한 가장 훌륭한 교육 공간이 될 수 있었을 것이다.

그러나 우리가 살아가는 현재의 이 통탄스러운 세태를 생각하면 가정에서 훌륭한 교육을 하기란 애초부터 기대하기 어렵게 되어버린 듯하고, 그래서 우리 아이들을 학교로 보내는 것 이외에 달리 대안이 없는 듯싶다. 그러나 굳이 우리 아이들이 학교라는 곳에서 교육을 받아야 한다면, 학교는 가능한 한 가정과 같은 분위기이어야 하고, 교사는 부모 같아야 하며, 교육 내용은 교양 있는 가정에서 배울 수 있는 것과 같은 것이어야 한다. 그리고 이는 초등 교육의 시작은 '이야기' 방식으로 해야 한다는 것을 뜻하기도 하는데, 이런 식으로 교육받은 어린이는 같은 1년을 공부하더라도 다른 방식, 즉 글자를 통한 교육을 받은 어린이보다 열 배는 더 많은 것을 배울 수 있다.

이야기를 통한 교육 방식

이야기를 통한 교육 방식은 어린이가 초등학교 1학년 때 여러 가지 이야기를 들으면서 다양한 지식을 얻는 것과 마찬가지 방식으로 역사나 지리에 관한 일반적인 기초 지식을 습득할 수 있게 해준다. 어린이들은 또한 상당히 많은 수의 시를 암송하고, 별다른 노력 없이 거의 자동적으로 숫자를 셀 수 있게 될 것이며, 글자를 외워야 한다는 부담이 전혀 없기 때문에 그들의 눈은 봐야 할 것을 보는 데 사용되고, 그들의 사고력은 방해받지 않고 성장할 것이다. 어린이의 손은 낯선 글자를 베끼느라고 혹사당하지 않고(이런 식의 쓰기 교육은 기껏해야 그 어린이의 필체만을 망칠 뿐 사실 아무런 도움이 되질 않는다), 간단한 그림이나 기하학적 도형을 그리는 데 사용될 것이다. 어린이의 손을 발달시키기 위한 교육을 이와 같은 방식으로 시작해야 하는 이유는, 그림이나 도형을 그리면서 여러 가지 모형을 섬세하게 그려내는 데 필요한 기술과 그러한 기술을 발휘하는 데 동원되는 손 근육을 동시에 발달시킬 수 있기 때문이다. 만약 수천만 명의 어린이에게 뭔가 가르치고자 한다면 초등 교육은 반드시 이와 같은 방식으로 시작하는 것이 좋다.

　-《나바지반》, 1928년 5월 13일

12 구루(Guru)

대학 교육을 최우선시 할 것인가 말 것인가는 자유이지만, 교육이 대중에게 다가가길 원한다면 가늘지만 순수한 강고트리(Gangotri) 물줄기로 우리의 관심을 돌려야 할 것이다. 학생들은 모든 교육 과정을 마친 후에는 자기 고장에 정착해서 일하겠다는 마음가짐을 가져야 할 것이고, 또 실제로 이러한 목표를 가지고 학생들을 교육해야 한다. 그리고 바로 이러한 이유 때문에, 나는 초등 교육을 더 중요하게 생각한다.

우리는 초등학교를 어떻게 운영할 지에 대해서 잘 생각해야 한다. 사실 학교 건물은 없어도 상관없다. 훌륭한 자질을 갖춘 교사만 있다면 말이다. 옛날 '구루(Guru)'[3]가 바로 그런 선생이었다. 그들은 구걸하여 생계를 유지하면서 학생을 가르

---

[3] 힌두교의 도사(導師), 교사(敎師)를 말한다.

쳤다. 밀을 재배하여 연명하기도 했고, 어떤 때는 기(ghee)[4]를 얻어 생활하기도 하였다. 그래서 구루가 교사로서의 자질을 갖추지 못했을 때는 학생들이 받는 교육의 질도 자연히 떨어졌고, 훌륭한 구루 밑에서는 학생들이 받는 교육의 질 또한 우수하였다. 그런데 오늘날 안타깝게도 그러한 구루들이 다 사라져버렸다. 그럴듯한 학교 건물이 교육의 질을 향상시키는 것이 아니다.

　　-《나바지반》, 1924년 8월 3일

---

4 인도에서 물소 젖으로 만든 액체 버터 기름.

13 도시의 초등 교육

나는 도시에서의 초등 교육에서도 모름지기 실용적인 일과 기능을 가르치는 실과 교육을 중시할 것을 분명하게 권한다. 나는 우리나라에서 초등 교육을 의무 교육으로 하여 모든 사람이 기초 교육을 받을 수 있도록 하여야 하며, 동시에 초등 교육 단계에서부터 실용적인 일과 기능을 가르쳐서, 그러한 교육을 통해 자신의 신체적, 지적, 영적(spiritual) 능력을 계발하여야 한다고 생각한다.

그런데 여기서 분명히 해둘 점은 초등 교육 과정에서 실과 교육을 진행하면서 학생들의 작업을 통하여 발생할 수 있는 경제적인 수익 가능성도 함께 고려하는 것이 결코 교육이 타락하거나 정상적인 궤도에서 벗어났음을 뜻하는 것이 아니라는 사실이다. 사실 경제적 수익성을 고려한다는 것 그 자체가 본질적으로 더럽거나 사악한 것이 결코 아니다. 오히려 제대로 된 윤리학이라면 그 자체로 훌륭한 경제학일 수 있는 것처럼, 참다운 경제학은 결코 최고의 윤리적 기준에서 어긋나지 않는 것이다. '부(富)의 신'을 숭배하고, 강자로 하여금 약자를 희생하여 부를 축적하게 하는 경제학이라면, 그런 것은 참으로 무시무시한 거짓 학문이며 결국 죽음만을 초래할 것이다. 사회 정의를 추구하고 그 사회에서 가장 보잘 것 없는 사람들을 포함하여 모든 이에게 평등하게 이로울 수 있는 경제학이야말로 참다운 것이라고 할 수 있으며, 이러한 경제학이어야만 비로소 품위 있는 삶을 영위하는 데 필수 불가결한 요소로 기능할 수 있는 것이다.

터무니없는 미신

반면, 초등 교육 단계에서부터 실용적인 일과 기능을 교육하는 것이 어린이의 생각을 속박하고 어리석게 만들 것이라는 주장이 있는데, 이것이야말로 참으로 터무니없는 미신이다. 나는 실력 있는 교사의 지도를 받으며 실기 교육에 열중하고 있는 어린 학생들의 그 밝고 즐거운 표정을 지금도 잊을 수 없다. 아울러 아무리 재미있는 교과목이라도 능력 없는 교사가 잘못된 방식으로 교육할 때는 우리 아이들이 무척 지겨워했던 것도 기억한다. 그렇다면 결국 관건은 소위 '능력 있는' 교사를 구하는 일이라고 볼 수 있는데, '필요는 발명의 어머니'라고 하지 않았던가!

일단 우리 스스로가 교육 정책을 재조정해야 할 필요성을 공감할 수만 있다면 능력 있는 교사를 구하는 문제는 그리 어렵지 않게 해결될 수 있을 것이다. 현행 교육 체제를 유지하는 데 동원되는 인력과 비용, 시간의 아주 일부만 가지고도 필요한 만큼의 능력 있는 실과 교사를 충분하게 양성할 수 있다.

그런데 내가 제안한 이런 식의 초등 교육을 충실하게 계획하고 즉각적으로 추진하기 위해서는 교육 전문가로 구성된 위원회가 필요하다. 그리고 위원회에 참여할 사람들에게 요구되는 자질은 오직 한 가지, 나와 같은 강한 신념뿐이다. 강한 신념은 오로지 자기 자신으로부터 나오는 것이지 남으로부터 건네받을 수 있는 것이 아니다. 실로 이 세상의 그 어떤 위대한 일도 강한 신념 없이 이루어진 것이 하나도 없지 않은가!

도시 학교를 위한 실과 교육

그러면 도시 학교에 다니는 어린이에게는 어떤 내용의 실과 교육을 해야 하는가? 물론 이 질문에 쉽고 분명하게 대답할 수는 없을 것이다. 그런데 나는 한 가지 절실하게 소원하는 것이 있는데, 그것은 바로 인도의 시골 마을들을 다시 살려내는 것이다. 오늘날 인도의 시골 마을들은 마치 도시의 부속물로 전락해버린 듯하다. 그래서 시골 지역이 도시에 의해서 착취당하고 마음대로 휘둘려버리는 지경에까지 이르게 된 것이다. 참으로 얼토당토않은 상황이 아닌가!

도시와 시골이 도덕적이고 건강한 관계를 회복하는 길은 오직 하나뿐인데, 도시가 시골로부터 빼앗아온 활력과 자양분을 다시 시골 지역으로 적절하게 되돌려 주는 것을 도시의 책임으로 자각할 때에만 비로소 가능하다. 만약 사회를 재건하려는, 이처럼 장엄하고 위대한 과업에 우리 어린이들을 참여할 수 있게 하려면, 도시 학교에서의 실과 교육 내용이 시골 마을에서 필요로 하는 것과 직접적으로 관련이 있어야 할 것이다.

나의 계획이 지닌 장점

그래서 시골 마을에서 주로 필요로 하는 소면(梳綿)[5]이나 직조(織造)와 같은 류의 실과 교육에 기초해서 초등 교육을 해야 한다는 나의 계획이야말로 조용한, 그러나 엄청난 결과를 낳을 수 있는 사회 혁명을 최선봉에서 이끌어낼 수 있는 파

---

5 털이나 면의 섬유를 빗질하여 짜기 좋게 하는 공정(工程).

괴력이 있다고 감히 말하고 싶다. 시골 지역에서 필요한 실용적인 일과 기능을 중요하게 가르치는 교육, 바로 이러한 초등교육이야말로 도시와 시골의 관계를 도덕적으로 만들고, 나아가 썩어빠진 계급 질서와 우리 사회에 만연한 사회악들을 없애며, 시골 마을들이 쇠퇴의 길로 치닫는 것을 막고, '가진 자'와 '못 가진 자' 간의 차별이 없는, 좀 더 정의로운 사회 질서를 확립하여 모든 이가 생계와 자유권을 보장받을 수 있는 길을 열어나갈 수 있을 것이다.

그리고 이러한 교육을 통하여 사회를 변혁해나가면 계급간의 처절한 유혈 전쟁을 피할 수 있을 것이며, 인도처럼 광활한 대륙을 기계화하는 데 소요될 수 있는 엄청난 비용도 절감할 수 있고, 아울러 첨단 기술 문제를 해결하기 위하여 외국으로부터 기계를 계속적으로 수입할 수밖에 없는 처지로 전락하는 것도 피할 수 있을 것이다.

마지막으로, 내가 구상한 교육에서는 고도로 특화된 재능이 별로 필요 없기 때문에 모든 이들이 자신의 운명을 스스로 주관할 수 있게 될 것이다. 자, 그러면 이제 누가 고양이 목에 방울을 달 것인가? 나의 주장은 도시 사람들에게 잘 받아들여질 것인가, 아니면 허허벌판에서 흩어져버리는 공허한 울림으로 그칠 것인가? 그것은 오로지 도시에 살고 있는, 교육을 사랑하는 사람들의 손에 달려 있다.

–《하리잔》, 1937년 10월 9일

14 이야기하듯이, 그림 그리듯이(2)

오래 전부터 나는 우리가 글 읽기를 지나치게 강조하고 있다고 느껴왔다. 글 읽기를 중요하게 여기는 교육 제도 속에서 교재 사용은 자연히 증가할 수밖에 없다.

지금 사람들은 읽을 수 없으면 지식도 얻을 수 없다는 생각을 하는 경향이 있는데, 나는 교육 문제에 관한 한 이보다 더 심각한 오류는 없다고 생각한다. 교육에 대한 이런 잘못된 생각이 어린이의 성장을 가로막고 있기 때문이다. 어린이의 정신적 발달은 읽기나 쓰기를 알기 이전에도 가능하며, 오히려 읽기, 쓰기가 어린이의 발달을 어느 정도 방해할 수 있다는 사실이 경험적으로 증명되고 있다. 그리고 이러한 사실은 교사라면 누구라도 직접 해보면 금방 알 수 있는 문제이다.

글자에 의존하지도 않고, 또 정규 수업 방식이 아닌, 오로지 '이야기' 방식으로 가르쳐보라. 학생들이 매우 빠르게 발전하는 것을 분명 보게 될 것이다. 자질을 갖춘 교사라면, 역사나 지리, 과학과 같은 과목은 얼마든지 '대화' 방식으로 교육할 수 있으며, 이런 방식으로 학생들은 정규 학교에서 5~6년은 족히 걸려야 배울 수 있는 〈라마야나(Ramayana)〉(고대 인도의 2대 서사시의 하나)와 〈마하바라타(Mahabharata)〉(〈라마야나〉와 더불어 인도의 2대 서사시 중 하나)의 이야기를 1년 안에 쉽게 배울 수 있다. 생각해보라. 우리 아이들이 "엄마, 마실 물 좀 주세요!"라는 간단한 문장을 읽고 쓸 수 있기까지 꼬박 1년의 세월을 보내야 하다니, 이 얼마나 낭비란 말인가! 어린이들에게 읽기, 쓰기를 강요하는 것은 그들의 자연스런 발달을 가로막는 짓이며, 그렇게 하지 않았더라도 더 쉽게 배울 수도 있었던 많은 것들을 알지 못하게 만든다. 뿐만 아니라 이는 또한 그들의 기억력을 혹사시키는 것이고, 연필을 빨리 쥐어줌으로써 오히려 그들의 필체를 망쳐버리는 것이며, 어린 시절부터 교과서의 노예가 되게 함으로써 결국에는 가난한 나라 인도로 하여금 별 쓸모도 없는 책들을 구입하느라 허리가 휘어지게 만드는 짓이다.

초등 교육, 어떻게 시작할 것인가

교사들을 설득할 수만 있다면, 초등학교에서의 교과서는

오직 교사들을 위해서만 쓰도록 하고 학생용으로는 사용할 수 없게 하고 싶다. 그리고 아무리 교사용 교재라 하더라도 교과서를 다양한 각도에서 활용할 필요가 있다.

학생들에게 글자나 단어의 구성에 대해서 가르치기 전에 데생하는 것을 가르쳐서 맵시 있고 균형 잡힌 도형이나 그림을 그릴 수 있게 해야 한다. 이러한 방식으로 가르치는 한, 글자를 배우는 데 3년이 걸린다한들 무슨 문제겠는가! 그동안 실용적 지식과 종교에 대한 이해를 쌓고, 기타(Gita : 산스크리트 문헌 가운데 가장 대중적이고 종교적이며 철학적인 노래)에서 골라낸 시구(詩句)들을 배우면서 암기력과 리듬감 그리고 듣기 능력을 개발하면 된다.

또한 정확하게 발음하고, 잘 관찰하고 매사에 정확하려는 습관을 들이는 것을 포함하여 어린이의 전반적인 능력을 향상시킬 수 있도록 교육해야 하며, 글씨를 잘 써서 예술적 차원으로까지 승화시킬 수 있도록 격려해야 한다. 오늘날 대부분의 학생들이 글씨를 너무 엉망으로 써서 읽기가 상당히 어렵고 짜증스러운데, 사실은 나도 이 경우에 해당된다. 창피한 이야기지만, 내 글씨가 하도 엉망이어서 다른 사람한테 편지 쓰기를 꺼린다. 요리가 덜 된 음식은 먹거나 소화시키기가 어려운 것처럼 형편없는 글씨 또한 참을 수 없을 것이기에, 엉망진창인 글씨체 때문에 나는 늘 스트레스를 받고 있다. 글씨를 잘 못 쓰는 사람의 글은 사람들이 읽기 싫어할 뿐만 아니라 심지어 미개인 취급을 받을 수 있다는 것을 종종 경험하였다.

만약 우리가 앞에서 말한 것처럼, 초등 교육을 글자보다는 데생이나 도형, 그림 그리기로 시작한다면 실제로 많은 불필요한 비용들을 절약할 수 있을 뿐만 아니라 어린이의 삶을 좀 더 풍요롭게 해줄 수 있다. 왜냐하면 이러한 교육 방법이 어린이를 신체적으로, 정신적으로 훨씬 성숙하게 하기 때문이다.

　-《나바지반》, 1924년 10월 26일

15 훌륭한 어머니 교사

    우리는 흔히 열 살 이하의 남녀 아이들을 어린이라고 한다. 어린이를 교육하는 것이 대개의 경우는 가장 쉬운 일 중의 하나이지만, 어떤 때에는 가장 어려운 일이 되기도 한다. 경험에 비추어 보면, 어린이는 자신이 배우는 것이 좋은 것이든 나쁜 것이든 그리고 우리가 자신(어린이)이 배우고 있다는 사실을 알아채든 말든 상관없이 늘 무엇인가 배운다. 물론 여기에 대해서는 생각이 다른 사람들도 있을 것이다. 그러나 '어린이란 누구인가', '교육이란 무엇인가', '어린이를 가르치기에 가장 훌륭한 자격을 갖춘 사람은 누구인가'와 같은 문제들을 곰곰이 생각해보면, 위에서 말한 어린이에 대한 관찰이 결코 이상한 것이 아니라 오히려 상당히 정확하다는 것을 알게 된다.

    교육은 문자에 대한 지식, 즉 읽고 쓰는 능력만을 의미하지는 않는다. 문자에 대한 지식을 가르치는 것은 교육의 한 방법일 뿐이며, 좀 더 깊은 의미에서 교육은 마음을 포함해 우리의 모든 감각 기관을 올바르게 사용하는 방법을 배우는 것이다. 달리 말하면, 어린이는 지식 습득을 위하여 귀와 코 등의 기관을 잘 활용하는 법을 배워야 하는 것처럼, 활동을 위한 신체 기관인 손과 발을 잘 놀리는 방법도 배워야 한다. '손'은 물건을 훔치거나 파리를 죽인다든지 또는 동생과 친구들을 때리는 데 사용하는 것이 아니라는 것을 아는 어린이는 이미 제대로 된 교육의 길에 들어선 것이다.

이와 혀, 귀, 눈 그리고 손톱 등을 청결히 해야 하는 이유를 알고 그렇게 실천하는 어린이도 마찬가지로 교육을 잘 받고 있는 것이다. 또한 식사할 때나 뭘 마실 때 심하게 장난치지 않고, 여럿이 함께하든 혼자서 하든 바른 자세로 먹고 마시며, 건강에 좋은 음식과 해로운 음식을 구별해서 좋은 것을 선택하여 먹을 줄 알고, 과식을 하지 않을 뿐더러, 보는 것마다 사 달라고 하지 않고, 원하는 것을 얻지 못하더라도 흥분하지 않는 어린이는 이미 교육에 있어 상당한 진전을 이루었다고 말할 수 있다. 발음도 별로 좋지 않고 자기 지역의 역사와 지리에 대해서 잘 알지는 못하더라도 모국(母國)의 뜻을 이해할 수 있는 어린이는 상당한 정도의 교육에 이르렀다고 할 수 있으며, 참과 거짓, 선과 악을 구별할 줄 알고, 늘 진실하고 선한 것을 추구하는 어린이의 경우에는 교육에 관한 한 더 이상 상세하게 설명할 필요가 없다고 하겠다. 독자는 자기 자녀가 지금 어떤 상태에 있는지를 생각해보기 바란다. 다만 여기서 한 가지 분명히 해두고자 하는 것은, 지금까지 말한 내용을 이해하는 데 있어서 읽기, 쓰기와 같은 문자에 대한 지식이 반드시 필요한 것은 아니라는 사실이다.

문자

어린이에게 문자를 배우게 하는 것은 그들의 마음에 지나친 부담을 주고 그들의 눈과 손을 혹사시키는 것이다. 올바르게 교육받은 어린이는 굳이 애쓰지 않아도 자연스럽게 읽기와 쓰기를 배울 수 있다. 그리고 적절한 시기에 읽기와 쓰기를 배우면 오히려 즐겁게 배울 수 있는 것임에도, 요즈음에는 읽고 쓰는 것을 배우는 것이 어린이에게 무거운 짐이 되고 있다. 이는 훨씬 더 좋은 목적에 쓸 수 있는 귀한 시간을 낭비하는 것이며, 결국 글씨를 잘 쓰거나 발음을 똑바로 할 수 있게 해주지도 못하고 오히려 글씨를 엉망으로 쓰는 습관만을 길러주게 된다. 그리고 이런 나쁜 습관에 길들여진 어린이는 책을 읽을 때도 '차라리 읽기를 배우지 않았으면 좋았을 방식'으로 책을 읽고, 발음에 대한 감각도 전혀 없어서 참으로 '맛없게' 책을 읽는다. 만약 이런 것을 교육이라고 부른다면 그것은 '교육'이라는 존엄한 용어를 모독하는 것이다. 어린이는 읽기와 쓰기를 배우기 전에 무엇보다도 기초적인 지식을 먼저 익혀야 한다. 이렇게 되면, 우리처럼 가난한 나라는 낭독용 책이나 꼭 필요하지도 않은 아동용 책을 포함해서 별로 쓸모가 없는 책들을 만드는 데 들어가는 비용을 절약함으로써 실제적인 도움을 받을 수 있다. 만약 낭독용 책이 꼭 필요하다고 한다면 그것은 교사용이어야지 어린이용이어서는 안 될 것인데, 우리가 '유행'(특히 생각이나 사고, 이론 등에서의 유행)에 휘둘리지만 않는다면 이러한 생각에 모두 쉽게 동의할 수 있으리라고 본다.

가정 교육

그런데 지금까지 설명한 교육은 사실 가정에서 어머니를 통해서만 가능한 것이다. 어머니는 어떤 식으로든 자기 자녀를 교육한다. 그런데 만약 가정이 해체되고 부모가 교육에 제대로 신경 쓸 여건이 되지 못할 때에는 어린이에게 새로운 교육 환경을 제공해야 하는데, 그때 그 교육 환경은 그 어린이에게 가정과 같은 느낌을 주어야 한다. 그리고 모든 인간들 중에서 '어머니'가 가장 탁월한 능력을 가졌기 때문에 바로 어머니가 자녀 교육이라는 막중한 책임을 떠맡아야 하는 것이다. 일반적으로 남성은 사랑하고 인내하는 데 있어서 여성에 훨씬 못 미친다고 보는데, 만약 이러한 판단이 틀리지 않다면 결국 여성을 제대로 교육하려는 노력을 함께하지 않는 한, 어린이를 잘 교육하는 문제 또한 제대로 풀 수 없다는 결론에 이른다. 그래서 단언하건대, 어린이에게 참교육을 제대로 할 수 있는 '어머니 교사(mother-teacher)'가 없는 한, 어린이가 학교에 다니고 있다는 사실만으로는 결코 교육을 제대로 받고 있다고 확신할 수 없는 일이라고 하겠다.

어린이 교육에 대한 기본적 생각

이제 어린이 교육을 어떻게 할 것인지에 대한 기본적인 생각을 말하고자 한다. 예를 들어, 한 어머니 교사가 다섯 명의 어린이를 교육한다고 하자. 이 어린이들은 예절 교육도 전혀 받지 않았고, 분명하게 말할 줄도 모르며, 심지어는 올바른 자세로 앉고 서는 법도 모른다. 코와 눈, 귀, 손톱은 말할 수 없이 더럽고, 앉으라고 하면 두 다리를 쫙 벌리고 있고, 말할 때는 우물거리며, 방향 감각도 없고, 단정치 못한 옷차림에 주머니에는 늘 지저분한 음식 부스러기를 넣고 다니면서 수시로 입으로 가져간다. 쓰고 다니는 모자의 테두리는 이미 시꺼멓게 때가 절어서 끈적거리다 못해 역겨운 악취가 난다. 이러한 상황에서, 이들을 맡은 교사가 진정 교육이라는 것을 할 수 있으려면 어머니와 같은 마음을 지녀야 하지 않겠는가! 이들을 맡은 교사는 무엇보다도 청결에 대해서 교육하려고 할 것이고, 그래서 무엇보다도 자신의 학생들에게 사랑을 흠뻑 주고 다양한 방식으로 즐거움을 주려고 할 것인데, 이러한 일을 가장 잘할 수 있는 사람이 바로 '어머니'이다. 카우살랴(Kaushalya)가 자신의 라마(Rama)에게 한 것처럼, 어머니 교사는 사랑이라는 끈으로 자기 학생들과 자신을 묶으려고 할 것이고, 그 결과 마침내 학생들은 어머니 교사가 원하는 것이 무엇이든지 순종하려는 마음을 가지게 될 것이다. 어머니 교사라면 자기 학생들이 단정한 옷차림에 손과 발, 이와 귀를 늘 청결하게 하고 옷도 잘 관리하며 발음도 좋아질 때까지는 결코 쉴 틈이 없다는 것을 잘 알 것이다.

일단 청결함이 교육되고 나면, 어머니 교사는 아이들에게 최고 신(神)인 라마나마(Ramanama)—그의 이름은 하도 많아서 어떤 이름으로 부르는가는 중요하지 않다—를 통해 종교적 계율[다르마(Dharma) : 법 혹은 반드시 실천해야 할 계율]에 대해서 먼저 가르칠 것이다. 그 다음은 순서에 따라 아르타(Artha), 즉 속세의 지식(temporal knowledge)을 가르치게 되는데, 우선 수학을 가르칠 것이다. 어머니 교사는 덧셈, 뺄셈 그리고 곱셈표 등을 가르치게 되는데, 이 모든 것을 가능한 한 '말'(이야기)로 가르친다. 학생들은 또한 자기들이 살고 있는 곳에 대해서 알 필요가 있는데, 그래서 어머니 교사는 그 지역의 강과 개울, 언덕, 중요한 건물들에 대해서 가르치고, 학생들은 그 과정에서 방향 감각도 익히게 된다. 어머니 교사라면 학생들을 위해서 자신의 지식을 더 많이 쌓으려는 노력을 꾸준히 할 것이다. 역사와 지리를 서로 독립된 교과목으로 가르쳐서는 안 되며 두 과목 모두 '이야기'하는 식으로 가르치게 될 것이다.

그러나 어머니 교사는 여기서 그치지 않는다. 힌두교를 믿는 어머니는 자녀에게 매우 어릴 적부터 산스크리트어로 된 시들을 읽어주면서 산스크리트어 발음을 익히게 하며, 신에게 산스크리트 시로 기도할 수 있게 가르친다. 물론 애국심이 강한 어머니는 자녀와 힌디어로 대화도 하고, 힌디어로 씌어진 책에서 몇 구절을 골라 읽어주는 방식으로 힌디어를 익히게 해서 자녀들이 이중 언어(산스크리트어와 힌디어)를 말할 수 있도록 교육한다.

어머니 교사는 학생들에게 섣부르게 글자를 가르치려 들지 않을 것이며, 오히려 붓을 쥐어주고 선과 원 등의 기하학적 모형을 그대로 그려보게 할 것이다. 꽃이나 물 주전자 혹은 삼각형과 같은 것을 그릴 줄 모르는 아이는 교육받았다고 말할 수 없다. 어머니 교사는 또한 훌륭한 음악을 들려주어서 애국가나 찬송가를 박자에 맞추어 합창할 수 있게 가르치며, 가능하다면 에크타라[6]나 잔즈[7]도 가르쳐줄 것이다. 신체 발달을 위해서는 달리기나 높이뛰기와 같은 운동을 가르치기도 할 것이다. 그러면서 동시에 학생들에게 봉사 정신을 길러주고 봉사에 필요한 다양한 기술도 가르칠 것인데, 특히 물레질을 가르칠 것이다. 그래서 면화를 따는 것에서부터 시작해 전통적인 방식으로 실을 잣는 전 과정을 배우게 될 것이며, 그렇게 되면 학생들은 기꺼이 매일 반 시간 정도는 실 잣는 일을 하려고 할 것이다.

교과서

오늘날 일반 학교에서 사용하고 있는 교과서는 사실 내가

---

6 에크타라(ektara) : 민속 음악가와 고행자들이 연주하는 악기. 줄 하나로 이뤄져 있다.

7 잔즈(jhanjh) : 황동으로 만들어지며 중·대 크기의 두 가지 종류가 있다. 중간 크기의 잔즈는 하나를 다른 하나에 부딪히며 연주하고, 큰 잔즈는 막대기로 리듬감 있게 두드리며 연주한다.

말하는 교육에는 별 쓸모가 없는 것들이 대부분이다. 따라서 어머니 교사라면 교육에 진정 도움이 되는 새로운 교과서를 찾아보거나 필요한 교과서를 직접 만들려고 할 것이며, 어린 이에 대한 어머니 교사의 사랑이 이러한 작업을 성공적으로 이끌 것이다. 모든 마을은 고유의 역사와 지리가 있지 않은 가! 따라서 당연히 그 마을 고유의 역사책과 지리책이 있어야 하는 것이다. 수학도 마찬가지로 일반 학교에서 하는 것과는 다른 방식이어야 한다. 어머니 교사는 매일 무엇을 가르칠 것 인가를 스스로 결정하고 준비한다. 새로운 산수 문제를 만들 어내고, 가르칠 새로운 내용 — 수업을 준비할 때 노트에 적어 놓은 — 을 성실하게 준비한다. 그래서 어머니 교사가 하는 수 업은 기계적이지 않으며 늘 생동감 있고 창의적일 것이다.

수업 계획서

수업 계획서는 학생들의 수준에 따라 서로 달라야 하며, 적 어도 3개월마다 수정하는 것이 바람직하다. 학생들은 비록 한 반에서 공부하고 있지만 서로 다른 가정 환경과 성장 배경을 가지고 있다. 따라서 모든 학생에게 동일한 수업 계획서를 적 용해서는 안 된다. 경우에 따라서는 이전에 배웠던 것을 모두 잊어버리게 하는 것이 필요한 때도 있기 때문이다. 예를 들어,

여섯 내지 일곱 살 먹은 아이가 글씨 쓰는 법을 미리 배우긴 했는데 글씨체가 엉망이라든지, 책을 읽을 때 내용을 이해하려는 노력 없이 읽는 습관이 들었다면 어머니 교사는 그 아이가 이전에 받은 교육에서 벗어날 수 있도록 교육해야 할 것이다. 교사는 우리 아이들이 '읽기'를 통해서만 지식을 얻을 수 있다는 환상을 버려야 한다. 이 세상에는 비록 글을 읽지 못하는 사람일지라도 지혜롭고 현명한 사람이 참으로 많지 않은가!

어머니 교사

나는 이 글에서 '교사'라는 말을 써야 할 자리에 그 대신 '어머니 교사'라는 단어를 사용하였다. 그 이유는 교사는 자기 학생들에게는 참으로 어머니와 같은 존재이어야 한다고 생각했기 때문이다. 학생들에게 어머니와 같은 존재로 설 수 없다면 그 사람은 결코 교사로서의 자격이 없는 것이며 학생들도 자신들이 진정 배우고 있다는 느낌을 가질 수 없다. 어머니는 자기 아이들에게서 한시도 눈을 떼지 않고 그들을 보살핀다. 따라서 학교에서 똑같이 여섯 시간을 보낸다 하더라도 일반 학교에 다니는 학생은 그 시간을 헛되게 보낼 수 있지만 어머니 교사의 교육을 받는 학생은 그 시간 내내 무언가 진정한 교육을 받게 될 것이다.

현재 상황에서 우리는 훌륭한 어머니 교사를 얻기 힘들며, 따라서 남자로 그 자리를 대체해야 할는지 모른다. 이러한 경우에는 할 수 없이 남성 교사가 어머니의 역할까지 해야 하겠지만 결국 어머니 교사의 역할을 가장 잘할 수 있는 사람은 역시 어머니 자신뿐이다. 참으로 자식에 대한 사랑을 가지고 있는 어머니라면 누구든지 스스로의 노력을 통해 훌륭한 어머니 교사가 될 수 있으며, 스스로 훌륭한 어머니 교사가 되는 노력 과정이 곧 학생들에게는 훌륭한 교육 과정이라고 나는 생각한다.

- 《나바지반》, 1929년 6월 2일

16 책과 어린이 교육

 지식이라는 것은 단지 책이나 교과서에서만 얻을 수 있는 것은 아니다. 오히려 학습 과정에서 너무 많은 책을 접하게 될 경우, 간혹 책의 영향이 너무 강한 나머지 그 어린이의 사고력을 떨어뜨리게 되는 것과 같은 이상한 일이 벌어질 수도 있다. 실제로 나는 참으로 많은 어린이를 직접 만나면서, 그리고 많은 교사들과 이야기하면서 이런 일이 얼마든지 가능할 수 있다는 것을 경험하였다. 또 남아프리카에서 눈을 크게 뜨고 모든 것을 주의 깊게 관찰하면서 어린이를 대상으로 실험적인 교육을 할 때에도, 그리고 사나운 불길 속에서 갈팡질팡하듯이 전쟁터 한복판에서 우왕좌왕할 때도 역시 나는 비슷한 경험을 하였다.

 두 학교가 있는데, 한 학교에서는 교사들이 수많은 교재를 사용하고, 다른 학교에서는 단 한 권의 교과서도 쓰지 않는다고 가정해보자. 만약 두 학교 교사들의 능력이 비슷하다면, 후자의 학교가 전자보다 학생들에게 훨씬 더 많은 지식을 가르쳐줄 수 있다고 나는 확신한다. 책에 의존해서 교육하는 것은 결코 좋은 교육 방식이 아니다. 교사의 경우는 아무래도 좋다. 교사는 읽고 싶으면 얼마든지 책을 읽어도 좋고, 교육을 잘하는 데 도움이 되는, 교사를 위한 책은 써도 좋다. 그러나 만약 오로지 어린이만을 위한 책이라면, 그러한 책은 결국 교사의 독창성과 창의성을 죽임으로써 교사를 그저 교육하는 기계로 전락시킬 가능성이 있다.

－《나바지반》, 1924년 8월 3일

흉내에 그친 모방

내가 보기엔 공립학교에서 쓰고 있는 어린이용 교재들은 해롭다고 할 것까지는 없다 하더라도 대개가 쓸모없는 것들이다. 물론 그 가운데 많은 책들이 꽤 고민하여 만들어졌고, 그 책들이 원래 대상으로 했던 사람들이나 교육 환경을 고려하면 최선이라고 평가될 만한 것들도 있다. 그러나 그렇게 좋게 평가할 수 있는 책 대부분이 분명 인도의 어린이를 위해서 쓴 것이 아니며, 인도라는 교육 환경을 고려하여 만든 것도 아니다. 그리고 이렇게 우리 인도 어린이와 그들의 교육 환경을 고려해서 만든 것이 아닌 책으로 공부하게 되면 거기서 얻은 지식을 소화하기는커녕 그저 내용 없는 흉내에 그치게 된다.

그래서 나는 책이란 기본적으로 '가르치는 사람'을 위한 것이지 '배우는 사람'을 위한 것이 아니라는 결론에 도달하게 되었다. 학생들에게 최선을 다하고자 하는 교사라면 모든 가능한 자료를 활용하여 수업을 준비해야 하며, 특히 자기가 맡은 학급의 특수한 요구에 부합하는 수업을 위해서 최선의 노력을 해야 할 것이다.

학생들의 내면에서 최선의 것을 이끌어내는 것, 바로 이것이 진정한 교육이다. 진정한 교육은 별로 필요하지도 않은 정보를 학생들 머릿속에 억지로 채워 넣는 방식으로는 결코 가능하지 않다. 그런 식의 교육은 오히려 학생들의 독창성을 파괴하고 학생들을 단순한 기계 부속품으로 전락시키는, 참으로 쓸모없는 짓이 될 뿐이다.

- 《하리잔》, 1933년 12월 1일

17 눈과 귀 그리고 혀가 손에 선행한다

문자 익히기는 완전히 별도의 과목으로 다뤄야 한다. 문자는 어린이가 그림을 먼저 인식하고 그 이름을 생각해내는 것과 같은 방식으로 가르쳐야 한다. 쓰기는 그리기의 일환으로 다루다가 어린이가 문자의 형태를 제대로 잘 인식할 수 있는 수준에 이른 후에 시작하면 된다. 문자는 서투르게 베끼는 방식으로 익히게 해서는 안 되고, 견본을 앞에 놓고 그것을 완벽하게 따라 그리는 방식으로 교육한다. 따라서 어린이가 자신의 손가락과 연필을 자유자재로 사용할 수 있을 때까지는 문자를 따라 '그리게' 해서는 안 된다.

어린이들로 하여금 1년 동안 두서없이 읽어대는 책들을 통해서 지식을 얻게 하는 것은 참으로 그들의 정신적 성장을 위험에 빠뜨리는 범죄 행위와 같은 짓이다. 많은 사람들은 어린이가 가정 생활과 단절되어 오직 학교 교육의 영향만을 받게 되면 학교 교육을 받는 바로 그 기간 동안 완전히 바보가 된다는 사실을 깨닫지 못하고 있다. 대부분의 어린이는 의식하지 못하는 사이에 가정에서 많은 지식도 얻고, 언어도 배운다. 그래서 교양 있는 가정의 어린이와 천박스러운 가정(사실 이 경우는 가정이라고 볼 수 없지만)의 어린이가 서로 매우 다를 수밖에 없는 것이다.

-《하리잔》, 1933년 11월 10일

경고

문자 익히기는 중요하긴 하지만, 그 중요성이 잘못 강조되고 있음을 독자들에게 감히 경고하고자 한다. 시골 마을 어른이나 어린이에게 읽기와 쓰기를 가르치지 않고는 소위 '농촌 교육'이 가능하지 않으리라는 가정에 기초해서 일을 추진하지 말라. 역사나 지리, 기초 수학과 같이 현실 세계를 이해하고 살아가는 데 필요한 지식 중에서 많은 것들이 문자를 모르고도 얼마든지 구어(口語)로 전달될 수 있다. 눈과 귀 그리고 혀가 손에 선행(先行)한다. 따라서 읽기가 쓰기에 선행하고 그리기가 문자를 보고 베끼기에 선행해야 하는 것이다. 그래서 만약 이러한 자연스러운 발달 과정을 존중하는 방식으로 문자 익히기를 하면, 어린이에게 처음부터 다짜고짜 문자를 익히도

록 할 때 지장 받을 수 있는 이해력이 훨씬 풍요롭게 발달할
수 있다.

- 《하리잔》, 1934년 8월 31일

내가 이해하는 사물의 이치

내가 이해하는 사물의 이치대로라면 손은 도구를 다룰 정
도로 충분히 발달한 후에 그리기나 쓰기를 잘할 수 있다. 눈은
생활하면서 여러 가지 사물을 보고 인식하는 것처럼, 문자나
단어를 인식할 때에도 처음에는 그 모양을 '그림'으로 인식하
고, 나중에 귀를 통해서 사물의 이름이나 문장의 뜻을 눈을 통
해 머릿속에 인식된 '그림'과 일치시킨다. 따라서 이러한 사물
의 이치를 존중하는 교육이야말로 가장 자연스러운 것이며,
신체 기관도 가장 잘 반응할 수 있게 됨으로써 결과적으로 가
장 빠르고, 가장 저렴하게 문자를 익힐 수 있게 한다.

그래서 내가 학교를 한다면, 우리 학생들에게 쓰기보다 읽
기를 먼저 가르칠 것이다. 그리고 쓰기를 가르칠 때에도, 우리
학생들은 나처럼(그렇게 교육을 받았기 때문에 지금까지도
못 고치고 있는) 문자를 매우 서툴게 베끼는 방식으로 익히게
하지는 않을 것이다. 우리 학생들은 자기가 관찰하는 사물의
형태를 복사하듯이 문자를 정확하게 베껴내는 방식으로 익히

게 할 것이다. 감히 말하건대, 나의 생각대로 교육할 수 있다면, 우리 학생들은 읽기 습득의 '빠름'에 있어서 세계의 어느 선진 학교와도 겨룰 수 있을 것이며, 또한 쓰기에 있어서도 지금 절대 다수 사람들이 그러는 것처럼 엉망진창으로 글씨를 쓰는 것이 아니라, 바르고 정확하게 쓰기가 전제 조건이라면, 우리 학생들은 어느 학교 학생들보다도 '빠를' 것임을 확신한다.

　－《하리잔》, 1937년 8월 28일

18 기초 교육으로 뿌리 내리기

기초 교육이란 기본적으로 마을 어린이들을 위한 것으로, 그들을 모범적인 마을 주민으로 만든다는 뜻을 담고 있으며, 어떤 내용을 어떻게 교육할 것인가는 각 마을이 결정해야 한다. 기초 교육은 모든 도시와 시골 마을 어린이들에게 지속적으로 이어져 내려오는 우리 것들 중에서 훌륭한 모든 것들을 경험하게 해주는 것이며, 동시에 어린이의 몸과 마음 모두를 발달시키는 것이다. 기초 교육은 또한 우리 아이들이 자기가 사는 마을의 미래에 대한 찬란한 전망을 가지고 자기가 사는 곳에 뿌리를 두고 생활하게 하는 것인데, 아이들은 학교 생활을 시작하면서부터 자연스레 자기 마을에 대한 이러한 책임감과 일체감을 서서히 인식해가게 된다.

-《건설적 프로그램(Constructive Programme)》, 15쪽

기초 교육의 목적

기초 교육의 목적은 실용적인 실과 교육을 통하여 어린이를 신체적, 지적, 도덕적으로 발달시키는 것이다. 그런데 여기서 강조하고 싶은 점은, 효율적인 관리만 이루어진다면, 교육적으로 건전한 것이 경제적으로도 건전하다는 사실이다. 예를 들어, 어린이에게 진흙 장난감을 만들게 하고는 이내 곧 망가뜨려버리게 하는 방식으로 만들기를 하는 경우를 생각해보자. 물론 진흙으로 장난감을 만들어봤다는 것만으로도 어린이의 지적 발달에 도움이 될 수 있다. 그러나 이런 식의 교육은 물질이나 인간의 노동은 결코 비생산적이거나 낭비적인 방식으로 사용해서는 안 된다는 매우 중요한 도덕 원칙을 무시하는 것과 다름없다. 삶의 매 순간을 가치 있게 써야 한다는 원칙을 지키는 교육이야말로 가장 바람직한 시민 교육이요, 동시에 그 자체로써 훌륭한 기초 교육이 되는 것이다.

-《하리잔》, 1940년 4월 6일

부모의 교사로서의 어린이

기초 교육과 같은 방식 말고는 인도의 수백만 어린이를 교육하는 것은 거의 불가능할 것이라는 데에는 대체로 동의할 수 있을 것이다. 따라서 지역 활동가는 모름지기 기초 교육에 대해서 능통해야 하고, 스스로가 그 교사로 나서야 할 것이다.
그리고 이러한 기초 교육은 곧바로 성인 교육으로 연결되는
데, 기초 교육이 일단 뿌리를 내리면, 그러한 교육을 받은 어
린이는 이제 거꾸로 자기가 배운 것을 자기 부모에게 가르치
는 교사로서 역할할 수 있게 된다. 물론 모든 일이 잘되기 위
해서는 지역 활동가가 성인 교육에 대해서도 제대로 이해하고
있어야 할 것이다.

  -《하리잔》, 1940년 8월 18일

19 하리잔을 위한 예비 학교

초등 교육은 여러 가지 면에서 중등 교육이나 고등 교육보다 훨씬 조심스러우며, 그 중에서도 하리잔[8] 교육이 가장 어렵다. 그래도 하리잔이 아닌 어린이들(자기가 속한 카스트 계급이 아무리 낮더라도)은 아무리 조악(粗惡)한 형태라도 소위 가정 교육이라는 것을 받는다. 그러나 세상으로부터 격리된 하리잔 어린이들은 가정 교육이라는 것은 꿈조차 꿀 수 없다. 그래서 조만간 하리잔 어린이도 일반 초등학교에 다닐 수 있게 되겠지만(나의 생각으로는 그 시기가 생각보다 빨리 올 수 있을 것 같다), 그렇게 된다고 하더라도 그 아이들이 일반 초등학교의 교육을 따라갈 수 있기 위해서는 초등학교를 위한

---

8 하리잔은 '신의 아들'이라는 뜻인데, 간디는 불가촉 천민(the untouchable) 을 하리잔으로 부르면서 불가촉 제도의 폐지를 주장하는 하리잔 운동을 전개 하였다.

'예비 학교'를 만들어 하리잔 어린이에게 초등 교육을 받는 데 필요한 준비 교육을 별도로 시켜야 한다고 나는 생각한다. 그런데 사실 '하리잔 세바크 상스(Harijan Sevak Sanghs)'가 후원하고 있는, 인도 전역에 퍼져 있는 '하리잔 학교'에서도 하려고만 한다면 이러한 예비 교육을 할 수 있을 것이다. 예비 교육의 내용에는 예절과 바르게 말하고 행동하기가 반드시 포함되어야 한다.

하리잔 어린이도 어떻게든 옷을 걸치고 다니고, 또 어떤 방식으로든 앉아 있기도 한다. 그런데 문제는 그들 중의 많은 어린이가 도대체 씻질 않아서 눈이며 귀, 이, 머리, 손톱과 발톱 밑, 콧등이 늘 더럽다는 것이다. 1915년으로 기억하는데, 나는 트란퀘바르 출신의 한 하리잔 소년을 코크라브에 있는 아슈람에 데리고 간 적이 있었다. 거기서 그 소년을 깨끗이 목욕시키고 나서 평범한 도티(dhoti : 인도 남자들이 허리에 두르는 천)와 조끼, 모자를 주었다. 잠시 후 그 소년은 완전히 다른 모습으로 나타났는데, 가정 교육을 받은 어린이와 전혀 구별할 수 없을 정도였다. 머리와 눈, 귀, 코가 매우 깨끗했고, 손톱 밑의 때도 완전히 말끔해졌다. 까마귀발도 빡빡 문질러 씻어서 깨끗해졌다. 일반 학교에 진학하기를 원하는 하리잔 어린이는 필요하다면 매일 이런 식으로 몸을 깨끗하게 하는 습관을 길러주어야 한다. 그래서 예비 교육 단계의 처음 3개월 동안은 하리잔 어린이에게 청결을 유지하는 습관을 길러주는 것에 초점을 맞추어야 한다.

－《하리잔》, 1935년 5월 18일

예비 학교 교육의 첫 단계 : 올바른 생활 태도 길러주기

하리잔 어린이가 예비 학교에 처음 입학해서 얼마 동안은 위생과 바느질 교육에 집중하여 그들의 몸을 세밀하게 검사해 깨끗이 씻도록 하며, 옷도 깨끗이 빨고 헤진 곳은 꿰매서 입도록 가르쳐야 한다. 나라면 처음 1년 동안은 아마도 교과서를 사용하지 않을 것이며, 그들이 잘 알고 있는 것에 대해서 이야기하면서 그들의 잘못된 발음이나 문법적으로 틀린 것들을 교정해주며 새로운 단어도 가르쳐줄 것이다. 그리고 그들이 배운 새로운 단어를 매일 기록해두었다가 그 단어들을 의도적으로 자주 사용해서 그들이 완전히 그 사용법을 익힐 수 있도록 할 것이다. 교육 방법은 강의식이 아닌, 대화 방식이어야 한다. 대화를 통해서 역사나 지리, 수학 등의 과목은 얼마든지 진보적으로 교육할 수 있다. 역사는 우리가 살아가는 현대에서 시작해 우리와 가장 가까운 시대의 사람들 혹은 사건들로 넓혀 나가는 방식으로 교육할 수 있으며, 지리 교육은 학교가 위치한 바로 그 지역에 관한 것에서부터 출발할 수 있다. 수학은 학생이 가정에서 당장 써먹을 수 있는 계산법부터 가르치는 것이 좋다고 생각한다. 나는 실제로 이러한 방식으로 교육을 해봤고, 그 경험으로부터 이러한 방식이 학생에게 큰 부담을 주지 않고도 전통적인 교육 방식에 비해서 같은 시간 안에 수많은 지식을 훨씬 더 잘 전달할 수 있다는 것을 알게 되었다.

－《하리잔》, 1933년 11월 19일

3부

외국어로 교육하기

— 인도 교육 체제 중 가장 비극적인 것

20 외국어로 교육하는 것

외국어로 수업을 하게 되면, 학생들은 매우 긴장할 수밖에 없게 되고, 따라서 그만큼 값비싼 대가를 치러야 한다. 우리 아이들이 지불해야 할 대가란, 허약한 육체에, 일에 대한 열정도 없고, 서구 문명이라면 무조건 모방하는 쓸모없는 추종자가 되어 장차 맞닥뜨리게 될 갖가지 어려움을 떠맡고 나아갈 능력을 크게 상실하는 것이다. 또한 독창적인 연구나 심오한 사상에는 별 관심도 없고, 용기와 인내, 모험심과 공정함과 같은 자질이 부족하게 된다. 그리고 바로 이러한 이유 때문에 우리는 직면한 문제를 해결하기 위해서 새롭게 계획을 세울 수도 없고, 설사 계획을 세웠다 하더라도 그것을 실행할 수 있는 능력을 상실하게 되는 것이다. 간혹 전도가 유망한 청년을 만나기도 하지만 그런 사람들은 대개 젊은 나이에 세상을 뜨는 경우가 많다. 어떤 한 영국 작가는 비유럽인과 유럽인은 압지를 대고 베낀 사본과 원본처럼 거의 차이가 없다고 말하는데, 이 말의 뜻은 아시아인이 원래 무능력하다는 것을 주장하려는 것이 아니라, 외국어로 수업을 하는 것이 얼마나 무모하고 잘못된 것인가를 강조하는 것이다.

쿠르존 군주의 통치 시대

학교는 가정의 연장이어야 한다. 그래서 교육이 참으로 좋은 결과를 낳으려면, 학생이 학교와 가정에서 느끼고 배우는 것들이 서로 조화를 이루어야 한다. 그런데 우리 아이들이 잘 알지도 못하는 외국어로 교육을 받게 되면, 학교 교육과 가정 교육이 조화를 이루기는커녕 오히려 그것을 깨버리게 되는데, 그 조화를 깨는 데 어떤 식으로든 관여한 사람은 바로 우리 민족의 적(敵)인 것이다. 아무리 그 사람이 좋은 뜻에서 그랬다 하더라도 말이다.

또한 이렇듯 잘못된 교육에 자발적으로 자기 자녀를 희생시키는 것은 부모로서의 책임을 저버리는 것이나 마찬가지다. 이러한 교육적 소외(즉 외국어로 수업하는 것)의 폐해는 여기서 멈추지 않고 교육받은 사람과 일반 대중 사이의 골을 깊게 한다. 그래서 일반 대중은 그렇게 교육받은 사람을 자신과는 본질적으로 다른 '양반 나리(sahibs)'로 여기면서 두려워한다. 그래서 필요하더라도 우리에게 도움을 구하는 법이 없다. 참으로 이러한 어처구니없는 상황이 오래 지속되면, 지식인 계층이 일반 대중을 전혀 대변하지 않았던 쿠르존 군주(Lord Curzon)[9]의 통치 시대가 사실은 좋은 시절이었다고 말하는 때가 올는지도 모르겠다.

모국어로 하는 교육

반면, 모국어로 교육을 받으면 가족과의 관계가 외국어로 교육받을 때와는 질적으로 달라진다. 오늘날에는 아내와 남편이 삶의 진정한 동반자인 경우가 별로 많지 않다. 왜냐하면 아내는 남편이 밖에서 하는 일에 대해서 거의 알지 못하기 때문이다. 마찬가지로 부모는 자녀가 학교에서 무엇을 배우는지 전혀 알지 못한다.

그러나 만약 모국어로 교육을 받는다면, 우리는 학교에서 배운 것들을 세탁부나 이발사 혹은 청소부와 같은 하인에게도 쉽게 전달함으로써 그들을 교육할 수 있게 된다. 그런데 하인에게는커녕 가족에게도 학교에서 배운 것을 전달할 길이 없는 것이 현실이다.

---

9 쿠르존 군주(1859~1925) : 보수적 성향을 띤 인도의 군사령관이자 총독.

그런데 이러한 현실은 가족이 무식하기 때문이 결코 아니다. 사실 가족은 학교에 다니지 않는 것뿐이지 많은 것에 대해서(비록 그것이 학교에서 가르치는 내용과 다른 영역의 것일지라도) 이미 알고 있다. 우리가 하고자 한다면, 가족과 〈마하바라타〉나 〈라마야나〉 혹은 성지(聖地)에 대해서 서로 대화할 수 있을 것이다. 왜냐하면 교육받지 못한 평범한 일반인이 듣고 배운 것이 바로 이런 것들이기 때문이다. 그럼에도 우리가 학교에서 배운 지식이 대중에게, 심지어는 가족에게조차 확산되지 않는 이유는 우리가 영어로 배웠기 때문에 배운 것을 그들에게 전달할 방법을 찾을 수 없기 때문이다.

－《참교육》, 7~17쪽

외국어로 하는 교육이 낳는 폐해

외국어로 하는 교육은 우리 아이들을 매우 피곤하게 만들고 지나치게 긴장하게 한다. 또한 우리 아이들을 좋은 것, 나쁜 것 가리지 않고 머릿속에 아무것이나 쑤셔 넣는 사람 혹은 흉내쟁이로 만들어버리고, 독창적인 사고나 일을 할 수 있는 능력이 있는 사람으로 전혀 길러내지 못하며, 자신이 배운 것조차도 일반 대중이나 가족에게 제대로 전달할 수 없게 만든다. 외국어로 하는 교육이 참으로 우리 아이들을 인도에 사는

'이방인'으로 만들어버린 것이며, 이것이야말로 현행 교육 체제가 낳은 가장 큰 비극이다. 또한 외국어로 하는 교육은 모국어의 발달을 가로막는다.

그래서 이런 상상도 해본다. 만약 내가 절대 군주의 힘을 행사할 수 있다면, 지금 당장이라도 학생들이 외국어로 하는 교육을 받기 위해서 내는 수업료를 못 내게 한다. 그리고 모든 교사와 교수에게 그들이 하고 있는 교육을 즉각 중단하고 바꾸도록 하며, 나의 명령에 따르지 않을 경우 해고시켜버리겠다고 위협하는 상상 말이다. 혹시 모국어로 된 교과서가 준비되지 않아서 안 된다는 핑계를 댈지도 모르겠는데, 나는 절대로 그러한 핑계를 용납하지 않을 것이다. 정책을 바꾸는 것이 어려운 것이지, 사실 교재라는 것은 마음만 먹으면 얼마든지 빠른 시간 안에 새롭게 준비할 수 있다. 대체로, 좋지 못한 정책은 간단하게 해결될 수도 있는 문제를 핑계로 대면서 정책을 바꾸는 것이 매우 어렵다고 자신을 고집하는 경향이 있다.

-《영 인디아(Young India)》, 1921년 9월 1일

21 국가 공용어

우리나라의 공용어 문제에 대해서 한번 생각해보자. 만약 영어가 우리의 공용어가 된다면, 당연히 학교에서 필수 과목으로 가르쳐야 할 것이다. 그러면 먼저 영어가 우리의 공용어가 될 수 있는지에 대해서 생각해보자. 누구 못지않게 애국자이기도 한 몇몇 지식인들은 이러한 문제를 제기하는 것 자체가 무식함을 드러내는 것이라고 주장한다. 왜냐하면 그들의 생각으로는 영어가 이미 공용어의 역할을 하고 있기 때문이다. 언뜻 생각하면, 그들의 주장이 매우 타당하게 들린다. 우리 국민 중 소위 식자층의 말만 들으면 영어 없이는 어떤 일도 안 될 것 같은 느낌을 갖게 된다. 그러나 조금만 깊이 생각해보면 영어는 결코 공용어가 될 수도, 또 되어서도 안 된다는 사실을 알게 될 것이다.

먼저 한 외국어가 우리나라의 공용어가 되기 위해서는 어떤 요건을 갖추어야 하는지 생각해보자.

1. 정부 관리들이 쉽게 배울 수 있어야 한다.
2. 인도 전역에서 통용될 수 있음으로써 정치적, 경제적, 종
   교적 의사소통의 매개 역할을 할 수 있어야 한다.
3. 인도 사람들 대다수가 쓰는 말이어야 한다.
4. 모든 사람이 쉽게 배울 수 있어야 한다.
5. 공용어를 선택하는 데 있어서, 선택 당시의 일시적인 이
   해관계가 영향을 끼쳐서는 안 된다.

그런데 영어는 위의 어떤 요건에도 부합하지 않는다. 그렇
다면, 위의 다섯 가지 요건을 모두 만족시키는 언어는 어떤 것
인가? 그것은 바로 힌디어이다. 내가 힌디어라고 하는 것은
인도 북부 지역의 힌두교도와 이슬람교도가 쓰는 말이면서 동
시에 데바나가리(Devanagari)나 우르두(Urdu) 문자로 표기
하는 언어를 뜻한다. 물론 이 같은 정의에 대한 반대 의견도
있다.

힌디어와 우르두어

힌디어와 우르두어는 서로 다른 언어라는 주장이 있다. 그

러나 이는 잘못된 것이다. 인도 북부에서는 힌두교도와 이슬
람교도가 쓰는 말이 원래 같은데, 다만 각각의 식자층에서 쓰
는 말이 서로 다를 뿐이다. 힌두교 식자층이 힌디어를 산스크
리트 식으로 바꾸어 쓰기 때문에 이슬람교도들이 따라할 수
없게 된 것이고, 마찬가지 방식으로 럭나우(Lucknow) 이슬
람교도들이 그들의 우르두어를 페르시아 식으로 바꾸어버렸
기 때문에 힌두교도들이 이해할 수 없게 된 것이다. 그러나 일
반 대중에게는 두 가지 모두 이질적이기는 매한가지여서 둘
다 사용되지 않는다. 북부 지역에서 살 때, 나는 힌두교도나
이슬람교도를 구별하지 않고 모두와 잘 지냈는데, 그때 나의
짧은 힌디어 실력으로도 양쪽 모두와 의사소통함에 있어서 아
무런 문제가 없었다. 따라서 그것을 힌디어라고 부르든 우르
두어라고 부르든, 인도 북부 지역에 사는 사람들이 쓰는 언어
는 기본적으로 같은 언어라는 것을 나는 확신한다. 다만, 같은
언어인데 그것을 우르두 문자로 표기했으면 우르두어라고 부
르고, 나가리 문자로 표기했으면 힌디어라고 부르는 것이다.

문자

그러면 이제 문자에 대해서 생각해보자. 현재 이슬람교도
는 우르두 문자를 쓰고 대부분의 힌두교도들은 데바나가리 문

자를 쓸 것이다. 내가 '대부분'이라고 한 것은 수천의 힌두교도들이 오늘날까지도 여전히 우르두 문자를 쓰고 있고, 그들 중 얼마는 나가리 문자가 있는지조차 모르기 때문이다. 만약 두 집단 사이의 모든 불신이 사라지게 되면, 두 문자 중 더 넓은 영역에서 좀 더 광범위하게 사용되고 있는 것을 선택해 그것을 인도의 공식 문자로 삼으면 될 것이다. 단, 그때까지는 힌두교도든 이슬람교도든, 우르두 문자로 공문서를 작성하고자 하면 그들이 하고 싶은 대로 놔둬야 할 것이며, 또 관공서들도 각자가 원하는 문자로 작성한 공문서를 그대로 인정해줘야 한다.

참으로 힌디어만큼 위의 다섯 가지 요건을 잘 만족시키는 말은 없다. 벵골어[10]가 힌디어에 견줄 만하다고 하지만, 벵골 사람들은 벵골 지역 밖에서는 힌디어를 사용하는 반면 힌디어를 쓰는 사람들은 어딜 가나 힌디어를 쓴다. 인도 전역을 돌아다니면서, 힌디어를 쓰는 성직자는 힌디어로, 우르두어를 쓰는 마울비스(Maulvis : 인도의 종교 지도자)는 우르두어로 설교를 하는데, 아무리 문맹자라 하더라도 그들의 말을 이해할 수 있다. 따라서 힌디어야말로 국가 공용어로서의 위치에 이

---

10 벵골어(Bengali)는 인도 동북부 지역 말이다.

미 올랐다고 할 수 있고, 그래서 실제로 그렇게 오랫동안 공용어처럼 사용되어온 것이며, 우르두어도 이와 비슷한 길을 걸어 지금에 이르렀다.

아무리 이슬람교를 신봉하는 왕들이라 하더라도 페르시아어나 아랍어를 국가 공용어로 만들지 못했으며, 오히려 힌디어 문법을 받아들였다. 왕들조차도 말할 때 페르시아어 단어들을 좀 더 많이 섞어 썼고, 쓸 때는 우르두 문자를 사용했다. 일반 대중이 사용하지 않는 이질적인 말을 가지고는 그들과 사회·경제적인 교류와 의사소통을 하는 것이 불가능하다는 것을 잘 알고 있었던 것이다. 인도 식민지를 지배했던 영국 통치자들 역시 이 점을 잘 알고 있었다.

공용어

이제 힌디어만이 인도의 공용어가 될 수 있는 이유가 분명해졌다고 생각하지만, 아마도 마드라스[11]의 지식인들은 이 사실을 받아들이지 못할 것이 분명하다. 반면 마하라쉬트리(Maharashtrians)와 구자라트(Gujaratis) 그리고 신디(Sindhis)와 벵골(Bengalis) 사람들은 비교적 쉽게 인정할 수

---

11 마드라스(Madras)는 인도 동남부 지역의 주 이름이다.

있을 것이다. 하고자 한다면, 그들은 몇 개월의 훈련만 받으면 국가의 공무를 보는 데 전혀 지장이 없을 정도의 힌디어 실력을 갖출 수 있을 것이다. 그러나 이것은 타밀인[12]에게는 쉽지 않은 일이다. 타밀어와 인도 남부의 다른 언어들은 드라비다[13] 어족에 속하는데, 이 어족의 언어 구조와 문법은 산스크리트어와 다르며, 산스크리트 어족과의 공통점이라고는 오직 산스크리트 어휘뿐이기 때문이다. 그런데 문제는 식자층이다. 힌디어를 배우는 데 큰 어려움을 겪는 사람들은 아마도 일반 대중이 아니라 교육받은 식자층일 것이다. 하지만 우리는 힌디어를 배우는 데 특별한 노력을 하도록 식자층의 애국심에 호소할 권리가 있다고 생각한다. 왜냐하면 그 식자층으로부터 힌디어가 제대로 대접을 받을 수 있을 때 비로소 마드라스 지역의 모든 학교가 힌디어를 가르치게 될 것이고, 그것을 계기로 마드라스 지역이 다른 지역과 좀 더 친밀해질 수 있기 때문이다. 영어는 일반 대중에게 다가서는 일에 실패했지만, 힌디어는 언제든지 가능하다.

－《참교육》, 21쪽

---

12 타밀인(Tamilians)은 인도 남부 지역과 실론 섬에 사는 인종이다.
13 드라비드인(Dravidian)은 남인도 지역에 사는 비아리안계의 종족이다.

22 가정 생활과 학교 생활 사이의 벽

민족 교육을 실시하지 않는다면, 우리의 모든 노력이 헛수고가 될 것이다. 오늘 혹은 미래의 언젠가 우리나라가 독립을 하게 된다 하더라도, 민족 교육 없이는 독립도 오래 갈 수 없다는 사실을 반드시 기억해야만 한다.

그런데 문제는 우리 인도 어린이들은 태어나서 처음 몇 년을 제외하고는 줄곧 외국어로 교육을 받는다는 사실이다. 게다가 어떤 면에서는 교육적으로 가장 유용하고 중요한 시기라고 할 수 있는, 교육이 시작되는 처음 5년 간을 교사로서의 자질이 있는지 분명하지도 않은, 그야말로 가장 평범한 교사들이 맡아서 교육하며, 영어도 이때부터 가르치기 시작한다. 학교에서 배우는 것과 집에서의 생활이 아무런 관련이 없기 때문에, 우리 어린이들은 모두 어디 이상한 세상에서 사는 것처럼 지내며 이 시기를 보내게 된다. 취학 전까지는 땅바닥에 앉아서 공부하는 것을 좋아하던 아이들이었는데, 이제는 책걸상에 앉아서 공부하는 것에 익숙해졌다. 하지만 현재에도 대부분의 가정에서는 마룻바닥에 앉는 것이 일상화되어 있다. 또학교에 들어오기 전까지만 해도 힌두교를 믿는 아이들은 도티(dhoti), 쿠르타(kurta), 앙가라카(angarakha)를, 이슬람교아이들은 파자마(payjamas)를 기꺼이 입고 다녔지만, 학교에들어와서는 서양식 외투와 바지를 입는다. 옛날에는 검소하게칼람(kalam)으로 썼지만 지금은 촉이 쇠로 된 펜이 있어야한다.

이렇게 가정 밖에서의 생활 방식이 엄청나게 달라졌고, 가정 생활과 학교 생활 사이에 큰 벽이 생겨났다. 그리고 이러한변화는 조금씩, 그러나 분명하게 우리 아이들 내면의 정신 상태도 바꾸기 시작했다. 그러면 우리 아이들의 일상적 삶과 내면의 정신 상태의 변화가 그 아이들의 가정과 가족들의 삶의방식에 어떤 영향을 주는 것일까? 우리 부모들은 자식들이 어떤 교육을 받고 있는지 전혀 모르고 있으며, 자녀 교육에 거는부모들의 기대 또한 별로 건강하지 못하다.

위험에서 벗어나는 방법

부모들은 교육을 단지 자녀의 돈벌이 수단 정도로 생각하고 만족할 따름이다. 그런데 만일 이런 상황이 오랫동안 지속된다면 우리 모두 외국 사람처럼 되고 말 것이다. 더 끔찍한 것은 오늘날 우리를 짓누르고 있는 바로 이런 상황이 독립을 이룬 후에도 계속됨으로써 우리 모두가 그토록 갈망했던 독립을 막상 쟁취하였을 때조차도 그 알맹이는 이미 이국적인 것이 되어버린 사태가 벌어지지나 않을까 하는 것이다. 그러면 어떻게 이 위험에서 벗어날 수 있는가? 한 가지 길이 있는데, 그것은 현재의 교육을 철저히 검토하여 변혁하는 것이다. 민족 교육을 할 때, 다음과 같은 것들이 고려되어야 한다.

1. 교육은 모국어로 해야 한다.[14]
2. 어린이가 학교에서 받는 교육 내용과 가정의 분위기가 서로 조화로워야 한다.
3. 국민 대다수의 필요에 맞게 계획되어야 한다.
4. 훌륭한 자질과 능력이 있는 교사가 초등학교 1학년 교육

---

[14] 편집자 주 : "진정한 민족 교육은 각 지방 고유 언어로 해야 한다. 참으로 실력 있는 교사를 선발해야 하고, 학생들에게 깨끗한 물과 신선한 공기 그리고 평화로운 분위기를 제공할 수 있는 곳에 학교를 세워야 한다. 또한 주변 환경은 철저하게 교육적으로 건강해야 한다. 교육 과정은 학생들에게 인도의 주요 직업과 종교에 관한 지식을 확실하게 전달해주는 내용을 포함해야 한다." (《나바지반》, 1919년 9월 21일)

부터 맡아야 한다.

5. 교육은 무상으로 제공되어야 한다.

6. 교육에 대한 전체적인 통제는 국민의 손으로 이루어져야
한다.

-《참교육》, 39쪽

23 오만과 자만이 절대 들어올 수 없는 나의 집

시인 타고르는 오늘날 사람들이 영리적이고, 소위 말하는 정치적인 필요 때문에 영어를 공부하게 되리라고는 아마도 전혀 생각하지 못했을 것이다.[15] 그런데 지금 벌어지고 있는 현실을 보라. 어린아이들마저도 영어를 모르면 정부로부터 어떠한 도움도 얻어낼 수 없다고 생각하고 있지 않은가! 어떤 여자 아이들은 좋은 혼처(婚處)로 통하는 '통행증'으로 생각하면서, 또 어떤 여자 아이들은 영국인과 영어로 말하고 싶어서 영어를 공부한다. 어떤 남편들은 아내가 자기한테나 혹은 자

---

15 조기 영어 교육을 둘러싼, 타고르와 간디의 논쟁은 매우 유명한 사건이다. 당시 타고르는 현실 논리와 경쟁력 강화를 이유로 영어 조기 교육을 적극적으로 주장하였고, 간디는 그러한 것이 실효도 없을 뿐만 아니라 인도의 미래를 오히려 어둡게 만든다는 이유로 반대하였다. 그런데 당시 네루 정부는 타고르의 손을 들어주었지만, 네루 수상은 후에 자서전에서 결국 간디의 판단이 옳았음을 고백하였다.

기 친구들 앞에서 영어를 한마디도 못하는 것을 매우 불만스럽게 생각하는가 하면, 영어가 마치 모국어처럼 되어버린 가정도 많이 있다. 수많은 젊은이들이 영어를 알지 못하고서는 인도의 독립이란 현실적으로 불가능하다고 믿게 되었고, 이처럼 잘못된 생각이 사회 구석구석을 좀먹어 들어가, 마침내 교육하면 곧 영어를 배우는 것을 의미하는 지경에까지 이르게 된 것이다. 참으로 이 모든 것이 내게는 우리 안의 노예근성과 타락한 본성이 드러나고 있는 것처럼 보여서, 이제는 우리나라 말이 여태껏 당해왔던 식으로 짓밟히고 손상 받는 것을 더이상은 두고볼 수가 없게 되었다. 부모가 자식에게 그리고 남편이 아내에게 편지를 쓰는 경우조차도 제 나라 말을 제쳐놓고 영어를 사용하는 엉터리 같은 현실을 어떻게 더 용납할 수 있단 말인가!

나도 위대한 시인 타고르처럼 자유의 정신을 신봉하면서 살아가는 사람이 되기 위해서 늘 노력하고 있다. 나는 사방이 벽으로 막혀 있고 창문이 꼭꼭 닫혀 있는 집에서 살고 싶지 않다. 나는 모든 나라의 다양한 문화의 바람이 가능한 한 자유롭게 내 집에 불어오기를 바라고 있다. 그러나 그 바람에 내 집의 뿌리가 뽑히는 것을 원하지는 않는다. 나는 집을 잃고 거지나 노예처럼 살고 싶지도 않고, 남의 집에 빌붙어 사는 것도 싫다. 또한 우리 여자들에게도 그릇된 자부심이나 사회적 이득(실제로 이것이 이득이 되는 것인지는 잘 모르겠지만) 때문에 영어를 공부해야 한다는 것과 같은, 불필요한 부담을 지우고 싶지 않다. 나는 문학적 소양을 가진 젊은이들이 영어뿐만 아니라 다른 외국어도 열심히 배워서, 보스나 로이, 타고르처럼 인도와 세계를 위해서 크게 쓰이기를 기대하며, 제 나라 말을 무시하고 부끄럽게 여기며 심지어 잊어버리는, 혹은 제 나라 말로는 훌륭한 생각을 할 수도, 표현할 수도 없다고 생각하는 젊은이가 한 사람도 없기를 진심으로 바란다. 나의 집은 제도화된 종교와 같은 감옥이 아니다. 나의 집에는 신의 창조물 중에서 가장 보잘 것 없는 것들이 머물 수 있는 공간은 있으나, 인종, 종교 혹은 피부색을 빌미로 한 오만과 자만은 절대로 들어올 수 없다.

－《영 인디아》, 1921년 6월 1일

4부

교육과 학위는
돈벌이 수단이 아니다

24 학위에 대한 집착

우리는 생계비를 벌기 위해서 이런 저런 시험에 통과해야만 하는 세상을 살아가고 있는데, 이는 사람들에게 정말로 좋지 않은 영향을 준다. 사람들은 지금 누구나 할 것 없이 학위를 취득하려고 하는데, 학위라고 하는 것이 공무원이 되고자 하는 이들에게나 필요한 것이라는 사실을 망각하고 있는 듯하다. 우리 민족 전체의 삶이라고 하는 거대한 건축물은 공무원이 되고자 하는 몇몇 사람들의 손으로만 지을 수 있는 성질의 것이 아니지 않은가! 또한 돈을 벌고자 한다면, 정부 기관에서 일하지 않고도 얼마든지 잘 벌 수 있으며, 일자무식이라 하더라도 명석하고 부지런하기만 하면 얼마든지 백만장자가 될 수 있을진대, 하물며 교육받은 사람이 학위가 없다고 그렇게 되지 못하리라는 법이 어디에 있단 말인가! 학위가 없다고 스스로 불안해하지만 않는다면, 교육받은 사람은 받은 교육만 가지고도 적어도 배우지 못한 사람만큼은 될 수 있지 않겠는가!

우리가 학위에 대한 집착에서만 벗어날 수 있다면 지금 당장이라도 사립학교가 많이 생겨나고, 그럼으로써 우리가 계획한 대로 학교를 이끌어갈 수 있을 것이다. 사실 현실적으로 어떠한 정부도 국민이 원하는 교육을 입맛대로 다 충족시켜줄 수는 없다. 미국의 경우, 교육은 대부분 민간 영역에서 이루어지고 있으며, 영국 또한 개인이 교육 기관을 설립하여 자체적으로 수료증을 발급하는 경우가 많다.

그러나 우리 교육의 토대를 건강하게 만드는 것이 결코 쉬운 일이 아니기 때문에, 정말로 엄청난 노력을 해야만 한다. 실로 우리는 우리의 몸과 마음과 영혼 그리고 이것들 못지않게 중요한 요소인 돈, 이 모두를 이 일을 위해 헌신적으로 쏟아 부어야 할 것이다.

교육 재단

나는 미국이란 나라에서 배울 만한 것이 별로 없다고 생각하지만, 다음 한 가지는 그래도 본받을 만한 가치가 있다고 본다. 그것은 미국에서 가장 큰 교육 기관들 중 몇몇은 엄청나게 큰 교육 재단의 기금으로 운영되고 있다는 사실이다. 미국의 부유층이 자기 나라 교육 발전을 위해서 수백만 달러를 기부하였고, 그렇게 해서 설립된 재단 기금으로 미국 내의 많은 사립학교와 사립대학을 운영하고 있는 것이다. 그리고 돈이 있는 사람이 돈을 기부하였던 것처럼, 미국의 지식인은 조국을 위해 자기의 지식을 기꺼이 나누었다. 그들은 재단 기금으로 운영하는 학교에 장학 지도를 하고, 학문의 질을 일정 수준 이상으로 유지할 수 있도록 성심껏 도왔다. 또 각 교육 기관의 상황을 정확하게 평가하여, 재정 지원을 포함한 갖가지 필요한 지원을 받을 수 있게끔 돕는 일도 하였다.

그들의 이러한 도움을 받아서, 각 교육 기관은 자기의 교육 이념과 일치하는 정관과 규정을 가진 교육 재단을 찾아서 지원 신청을 한다. 실제로 농업 분야에서의 연구 결과를 농민이 활용할 수 있는 기틀로 마련한 것도 이러한 교육 재단들 중 한 곳에서 시작한 캠페인의 성과였다.

나는 우리 인도에서도 이와 비슷한 방식으로 교육 재단을 만들 수 있지 않을까 하는 생각을 한다. 우리 인도에는 부자도 많고, 여러 가지 장학금도 많으며 또한 종교적 사랑도 아직 식지 않았다. 지금 우리 인도 아이들은 배움에 목말라 하고 있다. 그렇기 때문에, 인도에 교육 재단을 설립하게 되면 교육 기관을 새로 세운다는 실제적인 성과뿐만 아니라, 교육 기회의 확산을 위한 캠페인을 지속시키는 효과도 거둘 수 있을 것이다.

내핍의 필요

그러한 교육 재단이 생겨나면 우리가 하고자 하는 많은 것들이 이루어질 수 있을 테지만, 문제는 교육 재단 설립을 위한 기금 조성이 결코 쉽지 않다는 데 있다. 이 일은 우리 의식이 '깨어나야' 비로소 가능한 일이다. 정부도 그렇고, 부자도 역시 깨달을 때에만 깨어날 수 있다. 그런데 그들을 깨닫게 하는 길은 오직 한 가지, 그것은 타파샤(Tapasya), 즉 스스로 내핍 (austerity)하게 하는 것뿐이다. 내핍은 다르마, 즉 법(法)의 시작이요 끝 단계이다. 어쩌면 당연한 일이겠지만, 부자는 의심이 많은 법이다. 그러니 부(富)의 여신을 기쁘게 해드리고자 한다면 우리부터 솔선하여 그가 바라는 바에 합당함을 보여드려야 하지 않겠는가!

재단을 설립하는 것은 돈이 많이 드는 일이지만, 그렇다고 지나치게 걱정할 필요는 없다. 국민 모두가 교육을 받을 수 있도록 헌신하겠다는 의지가 있는 사람이라면, 비록 자신이 지금껏 교육을 전혀 받지 못했다고 하더라도 노동자로서의 삶을 살아가는 동안에도 스스로 배우려는 노력을 할 것이며, 그래

124

서 충분한 지식을 갖추게 되면, 그 스스로가 나무 아래에 작은 학교를 열어서 자기를 찾아오는 사람들을 가르칠 수 있게 될 것이다. 돈이라는 것은 모든 이가 교육을 받을 수 있게 하겠다는 대의(大義)에 헌신하고자 하는 사람에게는 결코 걸림돌이 될 수 없다. 그리고 한 가지 덧붙이자면, 지식을 나누는 것이야말로 브라만의 기본적 의무이다. 따라서 브라만으로서의 삶을 살 준비가 되어 있는 사람이라면, 자신의 배움을 남과 나누는 일도 할 수 있어야 한다. 그리고 그렇게 사는 브라만 앞에서는 권력도, 부(富)도 결국 고개를 숙일 수밖에 없을 것이다.

  -《참교육》, 35쪽

25 교육과 전문직

다소 급진적으로 들릴지는 모르겠지만, 교육, 좀 더 구체적으로는 교육을 통해 얻은 지식은 결코 돈벌이 수단일 수 없다는 것이 나의 생각이다. 생계 수단은 반드시 베 짜는 일이나 목수 일, 옷 짓는 일과 같은 생산적인 육체노동이어야 한다. 나는 사람들이 돈을 많이 벌 수 있다는 이유 때문에 의사나 변호사, 교사가 되기를 원하고 있다는 사실이야말로 우리나라를 몰락시키는 중요한 원인 중의 하나라고 생각한다.

물론 이런 나의 생각이 매우 이상적이어서 별로 현실성이 없는 것처럼 들릴지도 모르겠다. 하지만 교육을 돈벌이 수단으로 전락시키지 않으려고 노력하는 한, 그만큼 우리 모두에게 이로울 것이라는 사실은 두말할 필요조차 없다. 사실 사람들이 돈 버는 문제를 부차적으로 여기며 자신의 지식을 국가를 위해 사용하는 것을 최고의 이상으로 추구하는 분위기가 조성된다면, 돈벌이가 되는 소위 '전문직'을 얻기 위해 호들갑을 떠는 짓도 자연스레 사라지게 될 것이다.

　　－《나바지반》, 1924년 6월 1일

26 지식과 작업

Q 당신은 지식을 습득하는 것과 작업하는 것을 똑같이 중요하게 여기고 있는데, 그 이유를 설명해주시겠습니까?

A 옛날 분들은 이 두 가지를 똑같이 중요하게 취급하였는데, 나도 그 분들이 옳았다고 생각합니다. 과거에는 제자가 스승을 찾을 때에는 한 다발의 회초리를 들고 갔는데, 이는 스승에게 순종하겠다는 의미일 뿐만 아니라 일할 준비가 되어 있음을 뜻하는 것이었습니다. 이때 제자가 하는 일이란 대개 스승을 위해서 나무를 해오거나 물을 길어오는 것이었지만, 경우에 따라서는 농사나 목축을 배우기도 하였습니다.

그러나 오늘날에 와서는 더 이상 그렇지 않게 되었고, 바로 이러한 세태가 이 세상에서 그토록 심각한 굶주림과 불의, 악행이 난무하게 된 한 원인이기도 합니다. 문해, 즉 책을 읽고 지식을 습득하는 것과 여러 가지 실용적인 작업을 하는 것은 서로 상관이 없는 것처럼 보이지만 사실은 매우 밀접하게 연관되어 있습니다. 만약 이 둘을 분리하여 서로 떼어놓아버리면 지식이 심각하게 오용되는 사태를 초래하게 됩니다. 지적학습과 작업은 부부처럼 서로 뗄 수 없는 관계입니다. 작업과 함께하지 않는 지식은 마치 난봉꾼 남편들이 그러는 것처럼 사악한 눈길을 이곳저곳에 던지면서도 만족하지 못하다가 결국에는 지치고 탈진하여 스스로 쓰러져버리고 맙니다.

작업

그런데 지식과 작업 중에서 굳이 더 중요한 것을 고르라고 한다면, 나는 작업에 우선순위를 두어야 한다고 생각합니다. 왜냐하면 어린이는 손과 발을 먼저 사용하고 지적 능력은 나중에 활용하기 때문입니다. 즉 먼저 눈과 귀를 사용하는 법을 배우다가 네다섯 살 정도에 이르러서야 사물을 이해하기 시작한다는 말입니다. 그러나 이 말은 지적 능력이 발달했다고 해서 몸을 무시해도 좋다는 뜻이 아닙니다. 만약 그렇게 한다면 몸과 마음 둘 다를 망치게 될 것입니다.

지적인 능력은 신체적인 활동을 통해서 표출되는 것입니다. 그런데 예전에는 신체 단련이 실용적인 작업과 육체노동을 하면서 자연스럽게 이루어졌는데, 오늘날에 와서는 한낱 체육이라는 교과목의 틀 안에 갇혀버리고 말았습니다. 물론 이는 체육 시간에 하는 운동이나 놀이가 잘못됐다는 뜻이 전혀 아닙니다. 다만 운동이 오로지 신체 건강만을 위한 것이어서는 안 된다는 것을 말씀드리려고 하는 것입니다. 운동은 신체뿐만 아니라 마음까지도 편안하게 해줄 수 있는 것이어야 합니다. 교육에 지루함이란 있을 수 없습니다. 작업을 하든 읽기 · 쓰기 · 셈하기와 같은 기초 지식을 배우든 교육은 늘 재미있는 것이어야 합니다. 작업이든 읽고 쓰기든 학생이 싫증을 느낀다면 그 잘못은 학생이 아니라 교사나 교육 방법에 있는 것입니다.

－《나바지반》, 1927년 7월 3일

27 자립을 위한 교육

　의무 교육을 위해서 혹은 교육받기를 원하는 모든 이에게 기회를 주기 위해서, 대학을 포함한 모든 학교가 완전히는 아닐지라도 상당 정도로 자립적일 필요가 있으며, 그것도 정부 보조금이나 기부금, 학생이 내는 등록금에 의존하는 방식이 아닌, 학생들이 수익성 있는 작업을 하는 방식으로 자립을 성취해야 한다는 제안이 사회 곳곳에서 나오고 있다. 그런데 이러한 제안을 실현하는 길은 오로지 각 학교에서 실업 교육(industrial training)을 의무적으로 실행하는 것밖에는 없다. 앞으로는 점점 더 실업 교육을 받은 사람도 인문 교육을 받은 사람만큼 사회적으로 인정받게 될 것이다. 그러나 이러한 전망이 아니더라도 참으로 우리나라에서는 자립적인 교육을 위하여 실업 교육이 절대적으로 필요하다.

　그런데 실업 교육의 성패는 학생들이 노동의 신성함을 인정하는가 그리고 사회적으로는 육체노동을 무시하는 것이 오히려 망신거리가 되는 분위기가 형성되는가에 달려 있다. 교육을 자립화해야 한다는 요구가 거의 없는, 세계에서 가장 부자 나라인 미국에서는 이미 이러한 분위기가 사회적으로 조성되어 있어서인지는 모르겠지만, 학생들이 자기 학비의 전부 혹은 일부를 스스로 벌어서 학교에 다니는 것이 매우 일상적인 일이 되었다.

학비 감면 장학 제도

그런데 이러한 미국에서조차도 학생들이 학교에서 자기 학비를 벌 수 있는 길을 모색하고 있다고 하는데, 그렇다면 인도 학교의 경우는 그러한 노력이 얼마나 더 절실하겠는가! 사실 '공짜 학생' 제도를 통해서 우리 학생들을 말 그대로 빈민으로 전락시키는 것보다는 가난한 학생들이 일을 할 수 있게 해주는 것이 훨씬 좋지 않은가! 우리 학생들의 머릿속에 혹시라도 생계비나 학비를 벌기 위해서 하는 육체노동은 점잖지 못한 짓이라는 그릇된 생각을 심어주게 된다면 아마도 이보다 더 심각한 폐해는 없을 것이다. 이러한 경우에는 물질적으로나 정신적으로 모두 손해를 보게 되는데, 정신적인 폐해가 물질적인 손해보다 훨씬 치명적이 된다.

학비 감면 장학금은 양심적인 젊은이라면 평생 마음의 짐이 될 것이며, 또 그렇게 되는 것이 당연하다. 나중에라도 자신이 남의 자선에 의탁해서 교육을 마쳤다는 사실을 기억하고 싶은 사람은 아마도 없을 것이다. 반대로, 자신의 정신과 육체, 영혼을 교육시키기 위해서, 기회만 주어진다면 목공소와 같은 곳에서 일하면서 스스로 학비를 벌어 공부하던 시절을 자부심을 가지고 회상하지 않을 사람이 또한 어디 있겠는가!

　－《영 인디아》, 1928년 8월 2일

28 생산적 작업

우리나라에서는 생산적 작업에 대한 인식을 새롭게 할 필요가 있으며, 학교 교육에서도 생산적 작업을 매우 중요하게 가르쳐야 한다. 만약 학교에서 생산적 작업을 성공적으로 교육하게 되면, 학생들이 배워서 하게 되는 바로 그 일을 통해 학교 운영비를 충분하게 버는 것도 가능할 수 있다. 더 나아가, 목공과 같은 것은 고등 교육에서도 매우 중요하게 다루어야 할 교육 내용이다. 또한 직조 시간이 없는 교육은 태양 없는 태양계라고 할 수 있을 정도이다.

학생들은 그러한 기능을 잘 습득해서 자신의 학비를 벌 수 있을 뿐만 아니라 일하려는 의지와 신체적 능력도 발전시킬 수 있다. 물론 이것은 교사가 자신의 역할을 제대로 해줄 때, 즉 학생들에게 생산적인 일을 하고 싶게 만드는 물리적, 심리적 환경을 제공해줄 때 비로소 가능한 것이다.

만약 어느 한 직공(織工)이 카비르(Kabir)[16]와 같은 대단한 인물로 성장할 수 있었다면 다른 직공들도 비록 카비르 정도까지는 아닐지라도 기드와니, 크리팔라니, 칼렐카르 정도의 반열에 오르지 말라는 법이 없지 않은가! 구두 수선공에서 셰익스피어가 나왔다면, 다른 구두 수선공도 셰익스피어와 같은 대문호는 아닐지라도 훌륭한 경제학자나 화학자로 성장할 수 있는 가능성이 충분히 있다. 그래서 아무런 근거도 없이 지식과 작업이 서로 갈등할 것이라고 그릇되게 가정하는 것이야말로 사람들의 발전을 가로막는 가장 핵심적인 원인 중의 하나라는 사실을 분명하게 인식할 필요가 있는 것이다.

－《나바지반》, 1928년 9월 23일

---

16 카비르(Kabir, 1440?~1518) : 인도의 종교 개혁가. 힌두교의 개혁을 시도. 방직공을 하면서 이슬람교도로서 신비 사상의 영향을 많이 받았으나 힌두교로 개종하여 윤회 · 업 · 범 · 해탈 등의 개념을 받아들였다.

29 자립적인 학교

　내가 제안하는 고등학교에서는 다른 일반 고등학교에서 가르치는 것은 모두 가르칠 것이다. 다만 영어를 줄이고 그 대신 반복 학습, 음악, 미술 그리고 당연히 미래 직업과 관련된 실업 교육을 강조하게 될 것이다. 실과, 실업 교육을 강조한다고 해서 어떤 이는 내가 그리는 학교를 공장이라고 부르는지도 모르겠다. 하지만 만약 그런 식으로 부른다면, 그것은 일련의 엄연한 사실들을 제대로 평가하기를 고집스럽게 거부하는 것과 다름없다. 이는 마치 어떤 사람이 인간의 특징을 설명한 책을 전혀 읽어보지도 않은 채, 원숭이 말고는 다른 동물을 한 번도 본 적이 없고, 또 단지 몇 가지 특징이 원숭이의 그것과 일치한다는 이유만으로 자신을 원숭이라고 생각하는 것과 같다.

　나는 내 제안이 좀 색다르다는 것을 인정한다. 하지만 색다르다는 것이 잘못은 아니지 않는가! 또한 나의 제안이 많은 실험을 거치지 않은 것도 인정한다. 그러나 나와 내 동료들의 경험을 토대로 판단컨대, 충실하게 작업한다면 새로운 학교에 대한 나의 계획이 분명히 성공할 것이라고 확신한다. 사실 국가의 입장에서 보면 설사 내 계획이 실패한다고 하더라도 손해 볼 것이 전혀 없다. 반대로 부분적으로나마 성공을 하게 될 경우, 그 성과는 엄청날 것이다. 확신하건대, 나의 계획이야말로 무상의, 의무적인, 그리고 실효가 있는 초등 교육을 실행할 수 있는 가장 확실한 방법이다. 현재 실시되고 있는 초등 교육은 하나의 망상이고 올가미다. 7년이라는 교육 기간은 나의 계획에서 핵심적인 사항이 아니다. 내가 목표로 하는 지적 수준에 도달하는 데 어쩌면 그 이상의 시간이 필요할 수도 있지만, 교육 기간이 길어진다고 해서 국가가 잃을 것은 아무것도 없다. 내 계획에서 가장 핵심적인 내용은 다음 두 가지다.

1. 전체적으로 보면 실과, 실업 교육이야말로 학생들의 전면적 발달에 가장 도움이 되며, 따라서 모든 교육 과정은 실과, 실업 교육을 중심으로 구성되어야 한다.

2. 실과, 실업 교육을 중심으로 하는 초등 교육은 처음 1~2년은 좀 힘들 수 있겠지만 그 과정을 거치고 나면 자립적

인 능력을 기를 수 있게 된다. 여기서 말하는 초등 교육
은 위에서 설명한, 내가 제안하는 초등 교육을 말한다.

－《하리잔》, 1937년 9월 18일

30 교육에 대한 나의 입장

나는 소위 고등 교육이라는 것을 포함해서 교육 전반에 관하여 매우 분명한 입장을 가지고 있는데, 그 입장을 우리나라에 명확히 알려서 가치 있는 것으로 받아들일 수 있도록 만드는 것 또한 나의 의무라고 생각한다. 지난 수년간 마음에 품어오면서 기회가 있을 때마다 강력하게 주장해왔던, 교육에 관한 나의 입장은 아래와 같다.

1. 나는 교육을 반대하지 않는다—그것이 세상에서 가장 높은 단계의 고등 교육이라 할지라도.

2. 그 효과가 분명한 경우에는 국가가 교육비를 부담해야 한다.

3. 나는 일반 세금으로 충당되는 모든 고등 교육에 대해서는 반대한다.

4. 소위 말하는 교양 과목을 위한다는 명목으로 지급되는 대학 지원금은 순전히 낭비이고 기껏해야 고등 실업자들을 만들어내는 것이며, 나아가 대학에서 지루하고 하기 싫은 공부를 할 수밖에 없는 불행한 우리 학생들의 신체적, 정신적 건강을 파괴할 뿐이라는 것이 나의 확고한 신념이다.

5. 우리나라 고등 교육 기관에서 외국어로 수업을 하는 것이 우리나라에 실로 엄청난 지적, 도덕적 피해를 입혀왔음에도, 너무 가까이 있으면 그 전체를 보기 힘들듯이, 지적, 도덕적 파탄의 아수라장 한가운데서 허우적대며 살아가는 우리들은 도리어 그 피해의 심각함과 엄청남에 대해서 무감각하다. 참으로 그러한 교육을 받은 우리들은 우리가 바로 그러한 교육의 희생자라는 사실과, 그러한 교육이 초래한 엄청난 피해를 정확하게 인식할 수 있어야 한다.

나의 경험

이제 내가 앞에서 밝힌 입장을 가지게 된 이유를 말하고자 하는데, 아마도 내가 직접 겪었던 경험을 들어 그 이유를 설명하는 것이 가장 설득력이 있겠다.

열두 살까지 나는 나의 모국어인 구자라트어를 통해서 모든 지식을 얻었으며 수학이나 역사, 지리와 같은 과목도 나의 모국어로 배웠다. 그리고 고등학교에 진학하여서 처음 3년 동안도 역시 모국어로 공부할 수 있었다. 그러나 당시 교장 선생님은 학생들의 머릿속에 영어를 집어넣으려고 안간힘을 썼고, 그래서 학생들은 학습 시간의 반 이상을 영어를 배우고 영어의 변덕스러운 철자와 발음을 익히는 데 할애하여야만 했다. 나는 그때, 씌어진 대로 발음되지 않는 언어를 배워야만 하는 것이 참으로 고통스러운 일이라는 것을 비싼 대가를 치르면서 깨닫게 되었고, 모든 철자를 암기해야만 했던 것도 나에게는 매우 이상한 경험이었던 것이다. 그러나 이 정도는 시작에 불과한 것이고 내가 말하고자 했던 그 경험도 아니다. 오히려 전체적으로 보자면, 고등학교 시절의 처음 3년 간은 그래도 비교적 무난한 시기였다고 생각한다.

영어라는 굴레

우리들의 두 손과 목에 칼이 채워진 것과 같은 고통이 4학년에 들어서면서 시작되었는데, 기하와 대수, 화학, 천문, 역사, 지리 등 모든 과목을 영어로 배워야만 했던 것이다. 당시 영어의 위세는 정말로 대단해서 산스크리트어나 페르시아어

조차도 모국어가 아닌 영어로 공부해야 했을 정도였다. 만일 어떤 학생이 교실에서 자신의 생각을 구자라트어로 말하면 그 학생은 벌을 받았다. 우리가 영어를 제대로 못하는 것, 즉 발음도 정확하지도 못하고 완전히 이해하지도 못하고 있다는 사실은 교사에게는 별로 중요한 문제가 아니었다. 사실 그런 것이 문제가 될 까닭이 전혀 없었다. 왜냐하면 교사들의 영어 실력도 역시 문제가 많았기 때문이다. 그러나 이 또한 전혀 이상할 것이 못 된다. 영어는 우리 학생들에게뿐만 아니라 교사들에게도 생소한 외국어이었을 따름이니까. 아무튼 영어로 하는 수업은 엄청난 혼란을 초래하였다. 우리 학생들은 배운 것을 완전히 이해하지도 못한 채 무조건 외워야만 했다. 선생님이 우리에게 기하학을 이해시키려고 몸부림치면 칠수록 나는 오히려 현기증만 났다. 그래서 유클리드 기하학 제1권의 열세 번째 법칙을 배우고 있는 중에도 나는 기하학이라는 것이 무엇인지 도대체 그 윤곽조차 그릴 수 없었다.

여기서 독자들에게 고백할 것이 있는데, 내가 우리말을 진정으로 사랑하고 있음에도 기하나 대수를 배울 때 익혔던 영어 용어를 대체할 수 있는 적절한 구자라트 용어를 지금까지도 모르고 있다는 사실이다. 그러나 이제는 확신할 수 있다. 기하나 대수, 수학, 화학, 천문에 관하여 그때 4년 간 배운 내용을 만약 영어가 아니라 구자라트어로 배웠더라면 1년 정도로도 쉽게 배웠으리라는 것을. 그리고 그렇게 했더라면 교과 내용들을 더 쉽고 명료하게 이해했을 것이고, 구자라트어의 어휘도 훨씬 풍요로워졌을 것이며, 내가 학교에서 배운 지식을 우리 집에서도 유용하게 쓸 수 있었으리라는 것을.

그러나 불행히도 영어로 받았던 교육은 불행히도 나와 영어로 하는 교육을 경험하지 못했던 우리 가족 사이에 넘을 수 없는 장벽을 만들어버렸다. 나의 아버지는 내가 무엇을 배우고 있는지 전혀 알지 못하셨다. 나는 정말로 그러길 원했지만, 결국 아버지께서는 당시 내가 배우고 있는 것에 관심을 보이지 않으셨다. 왜냐하면 참으로 많은 것을 알고 계신 분이셨지만 영어는 단 한 자도 모르셨기 때문이다. 상황이 이러했기 때문에 나는 교육을 받으면 받을수록 그만큼 빨리 우리 집에서 점점 더 이방인이 되어갔다. 그렇다. 영어로 받은 교육 덕택에 나는 그때 분명히 우리 집안에서 가족들보다 '우등(優等)'한 종자가 되었고, 나의 옷차림조차도 비록 눈에 띌 정도는 아니었을지라도 분명 가족들의 것과 구별되기 시작했던 것이다. 그런데 지금까지 이야기한, 영어로 하는 교육을 받으면서 내게 일어났던 이와 같은 어처구니없는 일들이 결코 나만의 특별한 경험이 아니다. 나와 같은 교육을 받은 사람들 거의 모두가 내가 겪었던 것과 비슷한 경험을 하였던 것이다.

고등학교에서

고등학교에서의 처음 3년 동안의 교육은 내가 이미 알고 있는 것에 특별히 지식을 더해주지 못했다. 왜냐하면, 그 3년이라는 기간은 학생들이 영어로 수업을 받는 것에 익숙하게 만들기 위한 준비 시간으로 대부분 보내졌기 때문이다. 참으로 우리나라의 고등학교는 영어에 의한 문화적 침탈이 자행되는 곳이었다. 그리고 내가 다니던 고등학교에서 우리들이 배운 지식이라는 것은 대중에게도 전달될 수 있는 것이 아닌, 당시 함께 공부했던 300여 명의 우리 학생들만이 배타적으로 소유할 수 있는 성질의 지식이었던 것이다.

문학에 대해서도 한마디하고 싶다. 우리는 여러 권의 영어 산문과 영시를 공부해야만 했다. 물론 훌륭한 시와 산문이었다. 그러나 문제는 그것들에 관한 지식이 내가 대중을 위해서 봉사하고 그들과 함께하는 데 아무런 도움이 되질 못했다는 사실이다. 그렇다면, 내가 만일 영어 산문이나 영시를 배우지 않았더라면 참으로 귀한 보물과 같은 것을 놓쳤을 것이라고 말할 수 있겠는가? 그렇지 않다는 것이 솔직한 나의 심정이다. 오히려 그 귀중한 7년 동안 구자라트어를 좀 더 완벽하게 익혀서 수학이나 과학, 산스크리트어, 기타 다른 과목들을 구자라트어로 공부할 수 있었다면, 나는 분명 그렇게 해서 얻은 지식을 나의 이웃들과 좀 더 쉽게 나눌 수 있었을 것이며, 아울러 구자라트어 자체도 좀 더 풍요롭게 만들려고 노력했을는지 모를 일이다. 내 조국과 우리말에 대한 나의 사랑과 열정 정도로는 내가 아무리 구자라트어로 공부할 수 있었다 하더라도 인도 국민을 위해서 더 크고, 더 많은 헌신을 할 수는 없었을 것이라고 도대체 누가 감히 말할 수 있을 것인가!

인도의 유산

나는 영어나 영어로 씌어진 훌륭한 문학 작품들을 헐뜯으려고 하는 것이 아니다. 다만, 영국의 기후나 풍경이 아무리 훌륭하다한들 그것이 인도에 아무런 소용이 없는 것처럼, 훌륭한 영문학 작품들도 마찬가지라는 말을 하고자 할 따름이다. 인도는 인도의 기후와 풍경, 인도의 문학으로 풍성해져야 한다. 비록 인도의 것이 영국의 것보다 못하다고 할지라도 말이다. 우리와 우리의 후손들은 인도 고유의 유산에 뿌리를 내리고 서야 한다. 만일 더 좋아 보인다고 해서 남의 것을 빌리면 우리의 것은 그만큼 더 초라해진다. 우리 인도는 결코 외국의 음식물로 성장할 수 없다.

나는 모든 민족이 각자의 고유 언어 속에 담겨 있는 보배를 찾아낼 수 있기를 진정으로 바란다. 다른 민족의 언어에 담겨 있는 보물은 자기 모국어를 통해서 그 아름다움과 귀함을 감상할 수 있다. 예를 들어, 라빈드라나트(Rabindranath)의 비길 데 없이 아름다운 작품을 감상하기 위해서 내가 굳이 뱅골어를 배울 필요가 무엇이란 말인가! 좋은 번역서를 구해서 읽으면 그만이다. 구자라트의 어린이들이 톨스토이의 단편을 읽기 위해서 러시아어를 배울 필요는 없다. 역시 좋은 번역을 통해 감상하면 된다. 어떤 문학 작품이 세계적으로 최고의 작품이 될 수 있는지의 여부는 그 작품을 일주일 안에 깔끔한 영어로 출판할 수 있는 그 나라의 능력에 달려 있다고 하는 영국인들의 말은 그야말로 허풍에 불과하다. 셰익스피어나 밀턴의 생각 그리고 그들이 쓴 작품이 훌륭하다고 해서 그것들을 직접 읽어보겠다고 영어를 배우는 것이 정말로 필요한 일일까? 그것보다는 세계적으로 배울 만한 가치가 있는 것을 골라서 그 나라 말로 배우고, 그것을 다시 우리나라 말로 번역할 사람을 양성하는 반을 별도로 만들어 교육하는 것이 훨씬 경제적이다.

당시 우리를 가르쳤던 교사들은 분명 우리를 잘못된 길로 인도하였고, 그러한 교육에 익숙해져버린 우리는 잘못된 것도 마치 옳은 것처럼 생각하는 지경에까지 이르게 된 것이다.

탈(脫)인도화 교육

나는 우리의 잘못된 탈인도화 교육 때문에 수많은 사람들이 입고 있는 피해가 지속되고 있으며, 또 갈수록 증대되고 있다는 증거들을 매일같이 보게 된다. 나의 소중한 동료들조차도 그들이 받은 탈인도화 교육의 영향 때문에 자신의 내면 깊숙한 곳에 있는 생각을 표현할 때면 무척이나 난감해하는 경우가 있다. 바로 그 교육 때문에 그들조차도 각자의 집에서는 마치 이방인처럼 되어버렸으며, 그들의 모국어 어휘력이 매우 부족하여 영어 단어나, 심지어는 영어 문장을 사용하지 않고서는 말을 제대로 마무리 지을 수가 없는 형편이다. 또한 그들 스스로도 영어로 된 책이 없이는 살 수 없다고 느끼는 상태가 되었으며, 서로 편지를 쓸 때에는 영어를 사용하는 경우가 많다. 그런데 사실 나와 내 동료들은 우리 자신의 이러한 모습을 바꾸기 위해서 의식적인 노력을 해오고 있다. 그럼에도 이렇게 그들에 관한 이야기를 하는 이유는 탈인도화 교육의 해악이 얼마나 심각한지 보여주기 위함이다.

뿌리 깊은 해악

대학 졸업자들 가운데서 단 한 명이라도 자가디쉬 보스 (Jagadish Bose, 1858~1937 : 인도의 과학자)와 같은 인물이 배출될 수만 있으면 현재 인도의 대학들에서 발생하고 있는 낭비 정도는 사실 크게 문제될 것이 없다는 주장이 있다. 그런데 만약 그러한 낭비가 정말로 불가피한 것이라면 나 또한 그러한 주장에 기꺼이 동의할 수 있다. 그러나 우리 대학들에서 발생하는 낭비는 과거에도 그랬고, 지금도 얼마든지 피할 수 있다는 것을 나는 증명하여 왔다. 더구나 이러한 주장을 하는 데는 보스가 적절하지 못한 예인 것이, 보스는 결코 현재와 같은 교육의 산물이 아니기 때문이다. 보스는 심각한 장애를 지녔고 그러한 상황에서도 노동을 할 수밖에 없는 역경을 극복한 인물이며, 그의 지식은 참으로 일반인들이 감히 범접할 수 없는 수준의 것이었다. 그래서 사람들은 영어를 배우면 혹시 보스처럼 될 수 있지 않을까 하는 생각을 하는 것 같은데, 실로 이보다 더 황당한 미신은 없을 것이다. 만일 일본인들이었다면 우리처럼 이렇게 무기력하고 비관적으로 생각하지는 않을 것이다. 참으로 과감한 처방만이 내가 지금껏 전력을 다해 지적했던 해악들을 치료할 수 있을 것이다.

대학

모든 대학은 모름지기 자립할 수 있어야 한다. 국가는 국가가 필요로 하는 분야의 인재를 양성하면 되는 것이고, 나머지 분야에 대해서는 자립적인 운영이 가능하도록 유도해야 한다. 그리고 대학에서 영어로 수업하는 것은 어떠한 대가를 치르더라도 즉각 바꿔야 하며, 모든 지역어도 그 중요성이 정당하게 평가받아야 한다. 나는 대학 때문에 생기는, 범죄와도 같은 낭비가 날마다 쌓여가는 것을 지켜보고 있으니 차라리 그 대학들이 일시적인 혼란을 겪더라도 이 문제를 해결하는 것이 훨씬 낫다고 생각한다.

지역어

지역어의 위상과 시장 가치를 높이기 위해서 지방 법원이나 지방 의회는 그 지역의 지역어를 사용해야 한다. 만약 한 행정 구역 안에서 두 개 이상의 언어가 있으면 그 모두를 사용하는 것이 바람직하다. 이것이 힘들 것 같지만 입법 위원들이 열심히 노력하면 한 달 안에 자기 지역의 지역어들을 모두 배울 수 있다. 타밀 사람이 타밀어와 같은 어족인 텔루구(Telugu)어나 말라얄람(Malayalam)어, 카나레세(Kanarese)어의 간단한 문법이나 몇 백 단어 정도를 배우지 못한다는 것은 말도 안 된다. 그리고 중앙 의회에서는 힌디어가 중심 언어가 되어야 할 것이다.

내 생각으로는 이것은 학자들이 결정할 문제가 아니다. 학자들에게는 어떤 지역의 어린이들이 어떤 언어로 교육받아야 하는지를 결정할 권한이 없다. 사실 이러한 문제는 자유 독립국이라면 자연스럽게 해결될 수 있는 사항이다. 또한 학자들이 어떤 과목을 가르쳐야 하는지를 결정해서도 안 된다. 이 문제의 해결은 그 나라가 무엇을 필요로 하는가에 달려 있다. 다만, 여기서 학자들이 누릴 수 있는 특권이라고 말할 수 있는 것이 있다면, 그것은 가능한 한 가장 적절한 방법으로 국가의 의지를 실현할 수 있도록 노력하는 일일 것이다. 우리나라가 진실로 자유 국가가 되었을 때 언어의 문제는 자연스럽게 한 가지 방향으로 해결될 것이기 때문에, 그때 학자들은 그에 맞춰 교육 과정도 짜고 교재도 준비해주면 될 것이다. 오늘날 우리 교육이 외국인 통치자의 입맛에 맞춰 실행되고 있듯이, 우리 인도가 독립하여 자유 국가가 되면 그때 비로소 우리 교육은 우리 인도의 필요에 충실하게 부응할 수 있으리라. 그러나 우리 지식층이 이러한 문제에 제대로 대처하지 못한다면, 우리 모두의 꿈인 '자유롭고 건강한 인도 건설'은 절대로 실현될 수 없을 것이다. 우리는 불굴의 의지로 교육적, 경제적, 사회적, 정치적 노예 상태에서 벗어나도록 노력해야만 한다. 노력한다는 것, 그것만으로도 전쟁에서 이미 4분의 3은 이겨놓은 것이다.

나의 교육 구상

결론적으로, 나는 고등 교육 자체를 반대하는 사람이 절대 아니다. 다만, 지금 우리나라에서 행해지고 있는 형태의 고등 교육을 반대할 뿐이다. 나의 교육 구상대로라면, 지금 것보다 더 훌륭한 도서관과 실험실, 연구소 등이 더 많이 있어야 한다. 그래서 화학자와 기술자, 여러 분야의 전문가들이 많이 나와 그들이 자신의 욕구와 권리에 대해서 점점 새롭게 인식해가는 대중의 다양하고 점증하는 요구를 충족시키며, 아울러 국가의 요구에도 충실하게 부응해야 할 것이다. 그리고 모든 전문가라고 하는 사람들은 외국어가 아닌, 모국어를 사용할 것이고, 그들이 얻은 지식은 단순한 모방이 아닌, 참으로 독창적이면서 동시에 일반 대중에게도 유용한 것이 될 것이다. 그리고 그 과정에서 요구되는 노력과 고통, 희생은 모두가 공평히 나누어 떠맡게 될 것이다.

-《하리잔》, 1938년 7월 9일

5부

훌륭한 인격의 교사

31 부모의 의무

자녀를 학교나 아슈람(Ashram : 수행자의 삶을 살아가는 학생들의 공동체)에 보내는 부모가 반드시 해야 할 몇 가지 일이 있다. 만일 하지 않으면 자녀는 물론, 자녀가 다니는 교육 기관과 부모까지도 피해를 보게 되는 그런 일 말이다. 무엇보다도 우선, 부모는 자기 자녀가 다니게 될 교육 기관의 규칙에 대해서 충분히 잘 알아야 한다. 다음으로, 어떤 문제든 자기 자녀의 습관이나 요구를 면밀히 관찰하여 판단해야 하며, 일단 어떤 결정을 내리게 되면 그 결정을 끝까지 밀고 나가야 한다. 그리고 일단 입학하게 되면 가급적 학교를 도중에 그만두게 해서는 안 된다. 실제로 자녀에게 적당한 일자리가 생기면 학업을 그만두게 하는 부모들이 있는데, 그래서는 안 된다. 또한 결혼식에 참석하거나 그 외에 다른 축제 행사에 참석시킨다는 이유로 자녀를 수업에 빠지게 하는 일이 있어서도 안 될 것이다. 부모가 하는 일마다 자녀를 데리고 다닐 필요가 전혀 없으며, 따라서 결혼식이 있다고 해서 함부로 학교를 빠지게 해서는 안 될 일이다.

자녀를 유혹으로부터 보호하라

모름지기 자녀가 학업에만 전념할 수 있는 분위기를 만들어주는 것이 중요하다. 특히 남자 아이의 경우, 공부할 동안에는 완벽한 수행자처럼 될 수 있도록 옆에서 도와주어야 한다. 만일 자녀 마음에 결혼식이나 그 밖의 세속적인 행사를 보고 싶어하는 유혹이 일면 학업이나 수행 정진에 큰 장애가 되므로 이런 일들을 자녀가 멀리하게 하라는 것이다. 결혼은 생각도 할 수 없는 시기에, 유혹을 멀리하려고 애쓰는 자녀에게 도리어 어떤 형태로든 유혹 거리를 제공하는 짓은 참으로 현명치 못한 일일 것이다. 요즘처럼 사람들의 의지가 박약하고 유혹에 저항하는 힘이 보잘 것 없는 때에, 어떤 도덕적인 수행을 하려고 하는 사람을 만나게 되면 우리는 당연히 그 사람이 결심을 굳히고, 자신의 의지대로 수행을 정진할 수 있도록 도와주어야 하지 않겠는가! 그런데 오히려 반대로 그 사람이 수행을 계속할 수 없도록 방해한다면 우리 시대에 만연해 있는 의지박약의 현상을 더욱 강화시키는 결과를 낳게 될 것이다. 지금까지 결혼식을 예로 들었지만 다른 경우도 마찬가지다. 자기 자녀를 현명하게 키우고자 하는 부모라면, 설사 그럴 의도는 아니었을지라도 부모가 자녀의 발전에 도움이 되기는커녕 오히려 심각하게 방해하는 경우가 매우 많다는 사실을 깨달아야 할 것이다.

  - 《나바지반》, 1921년 12월 15일

32 교사

요즘 교사의 가치를 평가하는 것을 보면, 교사 아닌 다른 사람이 자기의 주관적인 기준에 따라 판단하는 것도 아닌 것 같고, 그렇다고 교사 스스로 자기의 가치를 평가하는 것도 아닌 것 같다. 우리 사회에서는 교사의 가치를 오로지 한 가지 잣대로 평가하고 있는 듯한데, 그것은 교사가 얼마나 버는가이다. 그런데 버는 액수로 교사의 가치를 판단하게 되면, 교사의 봉급이 사무원보다 적기 때문에 교사의 직분이 사무직보다 가치가 없다고 말하게 될 테고, 바로 이것이 우리 사회에서 교사를 문쉬지[17]라고 부르는 이유가 아니겠는가!

그러면 어떻게 교사의 지위를 끌어올릴 것인가? 봉급을 올리면 간단하게 해결될 수 있는 일이긴 한데, 과연 전체 교사의

---

[17] 문쉬지(munshiji)란 현지인 어학 교사 혹은 서기라는 뜻이다.

봉급을 올려주는 것이 가능한 일일까? 설사 그것이 가능하다고 할지라도 봉급을 올려서 교사의 가치를 높이는 것은 결코 올바른 방법이 아니다. 교사의 가치는 결코 돈으로 따질 수 있는 것이 아니라는 것, 즉 교사가 되려는 사람은 '교육'이 가장 중요하며 얼마를 벌 수 있는가는 그 다음 문제라는 자세를 갖는 것이 무엇보다도 필요하다. 달리 말하면, 교사가 되고자 하는 자는 교육하는 것을 자신의 의무로, 즉 다르마로 여겨야 하는 것이다. 자신이 수행해야 할 계율을 실천하지도 않으면서 '밥'만 먹겠다고 한다면, 그 교사는 도둑과 다름없는 것이다. 교육을 잘하는 것을 자신의 최우선의 의무로 생각하는 사람이 교사가 되면, 그만큼 훌륭한 교사가 많아질 것이고 교사의 가치 또한 수백만 배 이상으로 높아질 것이다. 어느 교사라도 자신의 생각과 태도를 바꾸기만 하면 지금 당장이라도 교사로서의 자신의 가치를 얼마든지 높일 수 있다.

  -《나바지반》, 1924년 8월10일

옛사람들의 교사관

교사란 모름지기 가르침 그 자체를 사랑해야 하고 교사의 삶은 청빈하여야 한다는 옛사람들의 생각이 지금도 여전히 옳다고 나는 생각한다. 로마 가톨릭 교회가 바로 이러한 교사관에 기초해서 세계 곳곳에 훌륭한 교육 기관을 설립, 운영하고 있다. 그런데 사실 옛날 우리 리시스[18]는 훨씬 더 훌륭한 교육 실천을 하였는데, 그들은 학생을 자기 가족으로 받아들이기까지 한 것이다. 그 당시 리시스의 교육 목적은 대중을 교육하겠다는 것보다는 인류의 큰 스승을 인도에서 육성하겠다는 것이었고 스승의 집이나 가업(家業) 장소가 주된 교육 장소였기 때문에 사실 그런 식의 교육이 당시로서는 가장 적합한 교육 형태였는지도 모르겠다.

아무튼 지금은 상황이 매우 달라져서 모든 사람이 문자 교육을 받아야 한다는 사회 분위기이고, 일반 대중도 중상류층이 받고 있는 수준의 문자 교육을 자기들에게도 해달라고 요구하고 있다. 그런데 현실 조건에서 과연 그렇게 하는 것이 정말로 가능한 일인지, 그리고 설사 가능하다고 하더라도 그런 교육이 대중 자신들에게 실제로 얼마나 도움이 되는 것인지를 여기에서 논의할 수는 없는 일이고, 또한 배우겠다는 욕구 자체가 잘못된 것이라고 말할 수도 없다. 다만 여기서 분명히 말할 수 있는 것은 그러한 욕구를 건강한 방식으로 잘 이끌어준

---

18 힌두교에서 리시스(Rishis)는 깊은 명상에 잠기는 동안 최고의 존재 브라흐마나Supreme Being Brahman로부터 베다의 성가를 들을 수 있는 능력을 가진 현자 또는 예언자를 말한다.

다면 좋은 결과를 맺을 수도 있으리라는 것이다. 배우고자 하는 것이 불가피한 욕구라면, 불가피한 것을 어떻게든 피해보려고 헛고생할 것이 아니라, 그러한 불가피한 욕구를 최대한 선용할 수 있는 방법을 강구하는 데 우리의 노력을 집중해야 할 것이다.

봉급

수많은 교사가 무료로 봉사할 수 있는 것도 아니고, 더구나 그들을 구걸하면서 살아가게 할 수도 없는 것이므로, 교사의 경제적 수입을 어떤 식으로든 보장해주어야 한다. 하지만 우리 사회는 참으로 많은 교사가 필요한데, 그들 모두에게 교사라는 직업이 가지는 고유의 가치에 합당한 만큼의 보수를 지급하기는 현실적으로 어려울 것이고, 따라서 국가의 지불 능력을 고려해서 봉급 수준을 정할 수밖에 없을 것이다. 또, 다른 직종에 비해서 교직이 참으로 중요하기 때문에 봉급이 앞으로도 꾸준히 오를 것이라고 기대할는지도 모르겠는데, 국가 재정 능력을 고려하면 봉급이 오른다고 하더라도 그 속도와 인상폭은 엄청나게 더디고 낮을 것이다. 따라서 우리 사회에는 자신에게 돌아올 물질적 소득에 초연하여 오직 애국적인 동기에서 교직을 선택하는 사람이 많이 나와야 한다. 그렇게 되면, 어느 누구도 교사를 결코 무시하지 못할 것이며, 오히려 자기를 희생하고 교직을 선택한 사람에게 마음 깊은 곳으로부터의 존경과 애정을 갖게 될 것이다. 결국 인도의 독립과 자치는 우리 모두의 노력을 통해서만 가능하듯이, 교사의 사회적 지위 향상 또한 교사 스스로의 노력을 통해서만 가능하다. 지금은 무엇보다도 교사 스스로 과감하고 지속적으로 자신의 길을 개척해나가는 노력이 필요한 때이다.

－《영 인디아》, 1925년 8월 6일

33 훌륭한 교사의 몫

아무리 좋은 교재가 있다 하더라도 그것이 훌륭한 교사를 대신할 수는 없다고 나는 생각한다. 긴 글을 요약하거나 어려운 문장을 설명하는 일이 훌륭한 교사의 몫은 아니다. 훌륭한 교사는 필요한 경우에 교재에 묶이지 않고 마치 훌륭한 화가가 살아 움직이는 그림을 그리듯이 생생하게 가르친다. 최고의 수준이 아닐지라도 그림이 사진보다 낫듯이, 아무리 좋은 교재라도 훌륭한 교사만은 못한 법이다. 훌륭한 교사는 학생을 교과의 핵심으로 이끌어주고, 그것에 대해서 애착을 갖게 만들며, 학생 스스로 그 내용을 이해할 수 있게 도와준다. 훌륭한 교사의 역할은 바로 이러한 것이며 어려운 문장을 요약하고 설명해주는 것이 아니다. 우리는 그저 자기가 맡은 과목의 내용을 전달해주는 정도의 역할을 하는 교사가 아닌, 더 높고 더 넓은 교육적 소명을 지닌 훌륭한 교사를 만들어내기 위

해서 노력해야 한다. 물론 지금이라도 이러한 훌륭한 교사를
찾고자 한다면 찾을 수 있지만 말이다.

－《교육의 문제》, 156쪽

34 스승과 제자의 관계

나는 '구루적 사랑과 헌신(Guru-Bhakhti)'의 힘을 믿는다. 그러나 모든 교사가 구루와 같은 큰 스승이 될 수는 없다. 구루와 시샤(Guru-Shisha), 즉 스승과 제자의 관계는 일종의 정신적인 것이며 자연스럽게 우러나는 것이다. 스승과 제자의 관계는 결코 인위적일 수 없으며, 외부의 강압에 의해서 생겨날 수 있는 것도 아니다.

우리 인도에는 스승이라고 칭할 수 있는 분들이 여전히 살아 계신다(여기서 말하는 스승은 열성적인 신도들을 구원으로 이끄는 힘을 지닌 영적 스승을 의미하는 것이 아님을 구태여 강조할 필요는 없을 것이다). 이러한 스승에게 아첨은 전혀 어울리지 않는다. 스승에 대한 존경은 자연스럽게 우러나와야 하며, 제자에 대한 스승의 사랑도 마찬가지다. 스승은 항상 줄 준비가 되어 있고, 제자는 언제나 받아들일 준비가 되어 있어야 한다. 사실 평범하고 사소한 것들이야 주위의 아무에게나 배울 수 있는 것이고, 또 실제로 그렇게 하고들 있다. 예를 들어, 나와 뭔가 통하는 구석도 전혀 없고 어찌 보면 결점이 많은 목수한테서도 얼마든지 많은 것들을 배울 수 있다. 상점 주인에게서 일용품을 사듯이, 목수한테서도 실용적인 지식을 살 수 있다는 말이다. 물론 이 경우에도 신뢰는 필요하다. 내가 배우기를 원하는 목수의 목공 지식에 대해서 내가 신뢰할 수 있어야 하기 때문이다. 만일 그러한 신뢰가 없으면, 나는 그 목수에게서 아무것도 배울 수 없을 것이다. 그러나 스승에 대한 신뢰는 목수로부터 얻을 수 있는 지식에 대한 신뢰와는 차원이 다른 것이다. 교육의 목적이 인격을 도야하는 것이라고 한다면, 그러한 교육이 가능하기 위해서는 일용품을 구입할 때의 그런 인위적인 관계가 아닌, 자연스럽게 우러나고 정신적으로 맺어진 스승과 제자 관계가 필수 불가결한 것이된다. 스승에 대한 헌신적인 사랑과 신뢰 없이는 결코 인격을 함양할 수 없기 때문이다.

-《교육의 문제》, 155쪽

35 체벌

어떤 형태로든 학생을 체벌하는 것은 잘못이라고 나는 생각한다. 체벌은 교사라면 반드시 품어야 할 학생에 대한 사랑이나 자부심 같은 것을 약하게 만든다. 학생을 가르치기 위해서는 반드시 체벌이 필요하다고 하는 낡은 사고방식은 현대교육에서는 빠르게 설득력을 잃어가고 있다. 물론 매우 훌륭한 교사라 할지라도 말썽꾸러기 학생에게 벌을 주지 않고는 안 되는 상황이 있을 수도 있다는 것을 나도 안다. 그러나 다행히도 그러한 경우는 실제로 극히 드물며, 또 설사 그렇게 불가피한 경우에 처했다고 해서 체벌을 정당화해서는 안 된다. 체벌을 하지 않고는 교육이 안 된다고 생각하는 교사가 있다면, 이는 교사로서의 자질이 그만큼 부족하다는 것을 스스로 인정하는 것이나 다름없다. 스펜서와 같은 교육학자도 체벌은 어떤 형태든 옳지 않다고 고백하였다. 비록 그 자신도 자신의 신념에 늘 충실하지는 못했지만 말이다.

훈육 방법

원칙적으로 비폭력과 체벌은 함께할 수 없다. 그런데 체벌이 실제로는 체벌이 아닌 경우가 분명히 있다. 물론 이 경우도 교사에게는 해당되는 것이 아니지만 말이다. 예를 들어, 아들이 크게 잘못해서 마음이 아픈 아버지가 자신의 슬픔을 이기지 못해서 아들에게 매를 든다고 하자. 이때 아들은 이것을 폭력이라고 생각하지 않을 것이고, 그럴 경우, 아버지의 매는 사랑의 매라고 생각해도 무방할 것이다. 또 다른 예를 들어보자. 정신병자들을 돌보는 사람이 때때로 심하게 발작하는 환자를 진정시키기 위해서 그 환자의 몸을 때리는 경우가 있는데, 이때도 폭력이라는 말은 어울리지 않는다. 하지만 앞에서도 지적했듯이, 이런 예들은 교사에게는 해당되지 않는 것들이다. 교사는 체벌하지 않고도 학생을 훈육하고 교육할 수 있는 방법을 습득해야 하는 것이며, 한 번도 체벌하지 않은 교사의 예가 실제로도 있다. 찾아보면 체벌 말고도 의자에서 내려앉게 하기, 앉았다 서기를 반복하게 하기, 말로 혼내기 등 학생을 훈육하는 다양한 방법이 있다. 아무튼 교사는 학생에게 매를 들어서는 안 된다는 것이 나의 신념이다.

학생을 위한다는 명분으로 매를 들고 나서 후회한다면, 그것은 진정한 뉘우침이 아니다. 게다가 교사가 체벌을 상습적으로 하면 결국 우리 사회 대다수의 사람들이 그런 식으로 행동하게 될 것이다. 자꾸 체벌을 하다 보면, 은연중에 우리는 '개선은 폭력을 통해서만 가능하다'는 착각 속에 빠지게 될 가능성이 높다. 바로 이러한 이유에서, 나는 의식적으로 체벌하는 교사는 비폭력 정신을 침해하는 것이라고 말하는 것이다.

　-《나바지반》, 1928년 10월 21일

36 매를 들지 말라

Q 저는 교사입니다. 저는 우리 학생이나 제 자식을 교육할 때에 비폭력 정신에 충실하려고 노력해왔으며, 하도 말썽을 부려서 그럴 수만 있다면 교장 선생님께 보내버리고 싶은 한 아이의 경우를 제외하고는 학생들에게 비폭력 원칙을 대단히 성공적으로 지켜왔다고 생각합니다.

그런데 제 자식의 경우는 좀 다릅니다. 아직까지는 잘 극복해왔지만 가끔씩 매를 들고 싶은 때가 솔직히 있습니다. 왜냐하면 저와는 달리, '매를 아끼면 아이를 망친다'는 격언을 철석같이 신봉하고 계신 제 아저씨 앞에서는 우리 아이들도 쉽게 순종하는 것을 보게 되니까요. 그렇다면 저도 우리 아이들에게 매를 들어야 하는 건가요? 그리고 제가 교장이라면, 저에게 보내온 말썽꾸러기는 또 어떻게 다루어야 하는 건가요?

A 학생에게든 자식에게든 체벌은 물론, 다른 어떠한 벌도

절대로 주어서는 안 된다는 것이 저의 생각입니다. 당신이 스스로 그러기를 원하고, 또 그럴 수 있는 자격이 될 때, 당신 자녀나 학생들의 마음을 움직이게 하기 위한 목적으로 자신에게 벌을 내리는 것은 괜찮다고 생각하며, 실제로 많은 어머니들이 이러한 방식으로 자식들을 올바르게 교육해왔다는 것은 잘 알려진 사실입니다. 저 또한 그런 경험이 많이 있습니다. 저는 남아프리카에서뿐만 아니라 이슬람교, 기독교, 힌두교, 파르시스교[19] 등 다양한 종교적 배경을 가진, 많은 거친 아이들을 가르친 경험이 있는데, 한 경우만 빼고는 어떤 아이도 벌준 적이 없습니다.

비폭력이야말로 언제나 가장 효과적인 교육 방법입니다. 왜냐하면 교사와 학생 사이에 유대감만 형성되어 있다면 자기 때문에 고통받고 있는 선생님 앞에서 자신을 숙이지 않을 학생은 없을 것이기 때문입니다. 당신이 말한 말썽꾸러기 학생의 경우는 그 학생이 당신을 조금도 존경하지 않는다면 그 학생과의 관계에 더 이상 미련을 두지 말고 당신 학교에서 내보내는 방법도 고려할 수 있을 것 같습니다. 어떠한 훈계나 규칙도 전혀 통하지 않는 학생을 억지로 학교에 붙잡고 있어야 하

---

19 인도에 사는 페르시아인의 조로아스터교.

는 것이 비폭력 정신은 아니니까 말입니다.

－《하리잔》, 1940년 7월 13일

6부

모든 교육이
제자리에 있을 때

37 체육 교육

체육 교육은 다양한 놀이를 포함하고 있다. 그러나 교육의 다른 영역에서도 그랬던 것처럼, 체육의 진정한 의미나 목적을 제대로 이해하고 있는 사람은 거의 없는 듯하고, 우리 전통 놀이는 지금 우리 아이들이 받고 있는 체육 교육에서는 거의 외면당하고 있다. 그 대신, 오늘날에는 테니스와 크리켓 그리고 축구가 대중의 인기를 얻고 있다. 물론 이것들은 그만큼 재미가 있다. 하지만 아무리 그렇다고 하더라도 우리가 이들 서구에서 수입된 경기에 지금처럼 완전히 정신을 빼앗기지만 않았다면, 젠드 발라(gend-balla), 길리 단다(gilli-danda), 코코(kho-kho), 사트 탈리(sat-tali), 카바디(kabaddi) 등과 같이 비용은 적게 들면서, 재미에서도 서양의 것에 결코 뒤지지 않는 우리의 전통 놀이가 그 명맥을 유지할 수 있었을 것이다. 우리 전통의 레슬링과 다양한 방식으로 신체 단련을 가능하게 하는 고대 인도의 오카다스(okhadas)는 이제 배우는 사람이 없어 사라지고 말았다.

서구의 체육 교육에서 본받을 것이 있다고 한다면, 그것은 어떤 동작을 반복 연습하는 '제식 훈련(drill)'이라고 나는 생각한다. 일전에 한 친구가 내게 이런 이야기를 한 적이 있다. 우리는 걷는 법, 특히 두 명 이상이 서로 발을 맞추어 걸어야할 때 제대로 걷는 법을 잘 모르는 것 같다고 말이다. 사실 인도 사람들은 수백 혹은 수천 명이 모였을 때, 둘이나 넷씩 짝을 지어 탈(tal)[20]의 구령에 맞추어 조용하면서도 절도 있게 걷는 '제식 훈련'이 잘 안 되어 있다. 그런데 이런 식의 제식 훈련이 전쟁에서나 필요한 것이라고 말하는 사람이 있는데, 이는 잘못된 생각이다. 그러한 제식 훈련은 봉사 활동을 할 때에도 매우 유용하게 쓰일 수 있기 때문이다. 예를 들면, 불을 끌 때나 물에 빠진 사람을 구조할 때 혹은 환자나 장애인을 돌리(doli)로 수송할 때 등과 같은 경우에, 앞서 말한 제식 훈련이 그 가치를 발휘하게 될 것이다. 정리하면, 체육 교육에 우리 전통 놀이와 운동 그리고 서구의 제식 훈련과 같은 체육 교

---

20 고대부터 사용해온 금속으로 만든 악기. 황동으로 만든 둥근 접시 형태로, 하나가 다른 하나에 부딪히며 소리를 낸다.

육 방식을 도입할 필요가 있다.

전통적인 신체 단련법

나는 개인적으로 우리 학생들이 프라나얌[21]이나 아사나스[22]
등과 같은 전통적인 신체 단련법을 익히는 것이 좋다고 생각
한다. 왜냐하면 체육에 관한 전문서를 썼고 또 실제적인 성과
를 통해서 자신이 개발한 체력 단련 체계의 효율성을 증명하
기도 한 뮐러나 그 밖의 다른 서구인들이 발전시킨 체육 교육
의 원리가 사실은 바로 고대 인도의 신체 단련법에 그 뿌리를
두고 있다는 생각 때문이다. 사실 따지고 보면 뮐러 같은 사람
들은 신체 단련의 원리를 과학적인 용어로 논리 정연하게 제

---

21 프라나얌(pranayam) : 요가 용어에서 프라나prana란 '매우 중요한 에너
지'를, 얌ayam은 '운동'을 뜻한다. 프라나얌은 매우 중요한 에너지가 출입하
는 규칙적인 흐름이라고 정의할 수 있다. 프라나얌은 신체, 호흡 그리고 마
음이 서로 얽혀 있음을 설명한다. 공기가 움직일 때 마음이 움직이고, 공기
가 평온할 때 마음도 역시 평온하다. 따라서 프라나얌에서 사용하는 다양한
테크닉들은 공기의 흐름을 안정화시키고, 그럼으로써 마음의 균형을 유지시
킨다.

22 아사나스(asanas) : '자세'를 의미하며, 문자 그대로는 좌석·앉음새
seat를 뜻한다. 원래 아사나스는 장기간의 명상을 위한 안정된 자세
로 사용되었다. 신체의 에너지 통로와 차크라(chakras -요 가 철학에
서 인체의 에너지가 모이는 일곱 군데의 혈) 그리고 영혼의 중심을
열리게 해주며, 단순한 스트레칭 이상의 것이다.

시하고 또 그 방법을 상황에 알맞게 개선한 것뿐이다. 우리가 그들에게 뒤쳐지는 것이 바로 이런 부분이다.

우리는 전통적인 방식에 기초한 체육 교육을 실시하되, 레슬링과 같은 현대식 신체 단련 방식도 배우고 싶어하는 학생이 있으면 적절한 시설을 제공하여 가르쳐야 한다. 그런데 전통적인 신체 단련 방식 중에서 곤봉이나 칼을 쓰는 훈련 방식은 고려 대상에서 제외하는 것이 좋겠다. 왜냐하면 곤봉 훈련과 같은 것은 신체를 강하게 단련하고, 신체 각 부분을 발달시키는 것과는 별 관련이 없기 때문이다. 이런 것은 체력 단련의 한 방식이 아니라, 호신(護身)이나 그와 비슷한 목적에 쓰이는 훈련 방식에 불과한 것이다.

　-《참교육》, 30쪽과 107쪽

38 청결과 예절

최근에 구자라트를 여행하면서 국립 학교에서 공부하는 어린이들을 만나볼 기회가 많았는데, 그들 대부분이 꾀죄죄하고 지저분해 보였다. 어떤 어린이는 땀과 먼지로 범벅이 된 채 고약한 냄새를 풍기는 모자를 쓰고 있었는데, 그 냄새가 얼마나 지독하던지 만질 수조차 없을 정도였다. 또 별나게 옷을 입고 있는 어린이들도 있었고, 때에 맞지 않게 옷을 너무 많이 껴입은 어린이들도 있었다. 그 밖에 단추가 떨어져나간 바지를 입고 오거나 찢어져 누더기가 된 옷을 입고 온 어린이들도 부지기수였다. 그들을 보면서 나는, 전염병에 걸린 어린이는 학교에 오지 못하게 하듯이, 몸이나 옷이 더러운 어린이 혹은 찢어진 옷을 입는 어린이들도 그렇게 해야 하지 않을까 하는 생각을 하게 되었다.

물론 그렇게 하면 그런 어린이들은 언제, 어디서 청결과 예절을 배울 수 있겠느냐고 물을 사람이 있을 것이다. 하지만 답은 아주 간단하다. 교사는 우선 그런 학생들을 학교 세면실로 데려가서 씻게 한 후, 각자 자기 옷을 빨도록 시킨다. 이때, 빨래가 마르는 동안 그 학생들이 입을 옷은 학교에서 마련해 주어야 한다. 옷이 다 마르면, 학교에서 빌려준 옷은 다시 세탁해서 반납하게 한다. 만약 이렇게 할 때 드는 비용이 학교가 감당할 수 있는 정도를 넘게 되면, 집으로 돌려보내는 이유를 적은 쪽지와 함께 그 학생들을 집으로 돌려보낸다. 그리고 그 학생들이 집에서 깨끗이 씻고 학교로 다시 돌아왔을 때는 두 말할 것도 없이 교실로 들여보내주어야 한다.

청결과 예절은 학교에서 가르쳐야 할 가장 중요한 덕목이다. 비록 모든 학생들에게 교복을 입도록 강제하는 일이 어렵다 하더라도, 예의를 벗어나거나 단정치 못한 복장을 하고 학교에 오는 학생을 그냥 내버려두었던 관행은 결코 묵인할 일이 아니다.

체육과 제식 훈련

마찬가지로 신체뿐만 아니라 정신 건강에도 매우 중요한 체육과 제식 훈련에도 관심을 기울여야 한다. 제대로 걷고, 앉고, 서는 법, 나아가 수천 명이 함께 걸을 때 서로 발을 맞추어 걷는 법을 우리 어린이들에게 가르쳐야 한다. 등이 구부정한 채로 나른하게 앉아 있는 어린이, 다리를 쫙 뻗고 앉아 있는 어린이, 하품을 하고 있는 어린이, 하루 종일 우는 어린이 등등, 좋은 학교라면 이런 어린이들의 행동을 용납해서는 안 될 것이다.

만약 어린이들이 각자가 하고 싶은 대로 하도록 내버려둔다면 도대체 어떻게 수천 명이 발을 맞추어 걷는 법을 배울 수 있겠는가! 이런 것들은 초등학교 1학년 시작부터 몸에 배도록 가르쳐야 하는 것이다. 이런 식의 교육은 예절 감각을 키워줄 뿐만 아니라 어린이를 단정하고 맵시 있게 보이도록 하는 데 도움이 되며, 이런 학생들 때문에 학교는 명성을 얻게 될 것이고, 학교 분위기도 활기차질 것이다. 이렇게 교육받은 어린이라면, 그 수가 비록 수천에 이른다고 하더라도 우리나라 대부분의 학교에서 흔히 목격되는 것과는 달리, 많은 수의 어린이들이 동요나 혼란 없이 질서 정연하게 행동할 것이다. 호각 소리가 나자마자 900명이 넘는 어린이들이 3분 안에 지정된 장소에 조용하게 모였다가, 일이 끝나면 마치 애초부터 밖에 나왔던 적이 없었던 것처럼 조용히 교실로 되돌아갈 수 있게 교육을 잘하고 있는 학교 한두 곳을 나는 실제로 알고 있다.

어린이의 복장으로는 니커보커[23] 반바지와 셔츠, 모자 정도가 좋다고 생각하며, 또 실제로 이 정도로 충분하다. 옷만 깨끗하다면, 수백 명의 어린이가 똑같은 종류의 옷을 입고 있는 것도 꽤 괜찮은 볼거리이지 않겠는가! 그런데도 그 위에다 재킷이나 긴 외투 혹은 반코트를 더 걸치고는 우쭐거리는 어린이를 가끔씩 보는데, 어떤 어린이도 이런 바보스런 행동을 하지 않도록 신경 써야 할 것이다.

신체와 정신과 영혼의 성장

나는 청결과 단정함 그리고 능률적인 제식 훈련과 같은 것들은 초등 교육 단계에서 가르쳐야 할 것들 중에서 단지 일부분일 뿐이지 결코 전부가 아니라는 것을 매우 잘 알고 있다. 어린이는 강한 성품을 갖도록 교육해야 하고, 읽기와 쓰기도 가르쳐야 한다. 초등 교육에서 반드시 가르칠 필요가 있는 내용이면 아무리 사소하게 보일지라도 그 어떤 것도 절대로 무시해서는 안 된다. 우리는 몸과 마음 그리고 영혼, 이 세 가지를 함께 발전시킬 수 있도록 어린이를 교육해야 하는데, 이들 세 가지 중에서 어느 한 가지라도 발전이 지체되면 나중에 문제가 생기게 된다. 그런데 문제를 느낄 때쯤이면, 그때는 이미

---

23 무릎 아래에서 졸라매는 낙낙한 짧은 바지.

늦은 것이다. 또한 어렸을 때 제대로 하지 못한 교육은 개인에게뿐만 아니라 사회에도 매우 좋지 않은 영향을 끼치게 된다. 실제로 오늘 이 순간에도 우리는 잘못된 교육의 폐해로 고통받고 있지 않은가! 예를 들어, 우리는 너무나 비위생적인 생활 습관에 길들여져서 흑사병이나 다른 전염병들을 근절하지 못하고 있다. 참으로 우리는 훌륭한 시민으로서 지켜야 할 가장 기본적인 것이 무엇인지조차 모르고 있는데, 더욱 한심스러운 것은 그나마 알고 있는 몇 안 되는 것마저도 지키려 하지 않는다는 사실이다.

－《나바지반》, 1925년 4월 26일

39 음악 교육

    음악은 우리에게 커다란 영향을 준다. 그러나 우리는 이 중요한 사실을 충분히 고려하지 않고 있다. 고려했다면 우리 아이들에게 음악을 가르쳤어야 했다. 이미 알려진 바와 같이, 베다의 찬가(the Vedic hymns : 바라문교의 찬가)는 음악적으로 지어졌으며, 조화로운 음악은 영혼의 고통을 덜어주는 힘이 있다. 군중들이 지나치게 흥분되어 있을 때, 국가(國歌)를 함께 부름으로써 분위기가 통제되고 진정되는 경우를 우리는 때때로 경험한다. 수많은 사람이 한목소리로 노래하면, 가슴이 벅차오르고 분위기가 한껏 고양된다. 수백 명의 어린이가 용기와 모험 정신으로 가득 찬 시를 한목소리로 노래한다면, 그것이야말로 참으로 장관일 것이다. 우리는 또한 뱃사람들이나 다른 노동자들이 일하면서 '하리하르와 알라베리의 외침(the cry of Harihar and Alla–beli)'을 부르는 것을 쉽게 볼 수 있는데, 이것은 음악의 힘을 보여주는 한 예로서, 노래 부르면서 일을 하면 훨씬 더 쉽게 할 수 있음을 보여준다. 또 내 영국 친구들 중에서 노래를 불러 추위를 잊으려 하는 사람을 본 적도 있다.

그런데 우리 아이들이 싸구려 연극 같은 것에 쉽게 접하게 되면서, 노래도 배우고, 페달식 오르간과 같은 조잡한 악기를 연주하는 것을 배우고 있는데, 이는 훌륭한 음악적 소양을 기르는 데 오히려 방해가 될 뿐이다. 만약 그 시간에 우리 어린이에게 고전 음악을 익히게 해준다면, 유행가나 저질의 노래를 부르느라 허비하는 시간을 절약할 수 있을 것이다. 제대로 된 가수는 음정이나 박자를 틀리게 노래하지 않듯이, 좋은 음악을 제대로 배운 사람은 조잡스러운 노래를 하지 않는다.

참으로 우리 교육 체계에서 음악의 중요성이 제대로 자리매김 되어야 하며, 동시에 사람들을 문화적으로 일깨우는 데도 음악이 매우 중요하다는 사실을 인정할 필요가 있다.

- 《참교육》, 30쪽

40 인생을 음악적으로 만들라

　전체 교육 체제에서 음악이 빠지면 불완전해 보인다. 음악은 사람들의 개인적 삶과 사회적 삶을 달콤하게 만든다. 프라나얌이 호흡법을 위해 필요한 것처럼, 목소리를 다듬는 데에는 음악이 필요하다.[24] 또한 음악에 관한 지식을 일반인에게 널리 보급하면 우리 사회 대중 집회에서 흔히 겪게 되는 소란을 통제하고 근절할 수 있게 될 것이다. 음악은 분노를 가라앉힐 뿐만 아니라, 현명하게 이용하면 신의 존재를 느끼는 데에

---

24 편집자 주 : "목소리를 다듬는 것은 손을 훈련시키는 것만큼이나 필요하다. 체육, 작업, 그리기 그리고 음악은 어린이에게서 최상의 것을 이끌어내기 위해, 그리고 어린이가 그러한 수업들에서 진정으로 흥미를 느낄 수 있게 하기 위해서 함께 진행되어야 한다. 물론 이러한 수업을 강조하는 것은 현행 교육 체제에서 분명 일대 혁명을 뜻할 것이다. 그러나 미래의 시민이 평생의 직업을 위해 확실한 기초를 다져야 한다면 이 네 가지 수업은 꼭 필요하다." (《하리잔》, 1937년 9월 11일)

도 매우 큰 도움이 된다. 물론 여기서 말하는 음악은 시시껄렁한 이야기를 하는 것처럼 아무 곡조나 되는 대로 마구 질러대거나 찢어지게 불러대는 것이 아니며, 영화에서 나오는 노래를 부르는 것도 아니다. 앞에서도 이미 말한 것처럼, 음악이지닌 심오한 의미는 음악을 통해서 우리의 온 삶이 노래처럼달콤하고 음악적이 될 수 있어야 한다는 것이다. 물론 이러한삶은 진리나 정직과 같은 덕목의 실천 없이는 이루어지지 않는다는 것은 두말할 나위도 없다. 인생을 음악적으로 만든다는 말의 뜻은 신에게 몰입하고 신과 하나가 된다는 것이다. 라가[25]나 드웨사[26], 즉 좋아함과 싫어함에서 벗어나지 못한 사람, 봉사의 즐거움을 맛보지 못한 사람은 천상(天上)의 음악을 이해할 수 없다. 이렇듯 성스러운 예술의 바로 그 심오한측면을 고려하지 않은 음악 수업이라면, 그러한 것은 나에게하등의 가치도 없는 것이다.

-《나바지반》, 1928년 6월 3일

---

25 라가(raga) : 어떤 것에 대한 욕망을 포함한 애정을 말한다. 이것은 감성적
이거나 지성적일 수 있으며, 단순히 선호하는 것에서부터 강렬하게 원하는
것까지 다양한 변화를 지닌다.

26 드웨사(dwesha) : 어떤 것에 대한 싫어하는 감정을 포함한 혐오를 말한다.
이것은 감성적이거나 지성적일 수 있으며, 단순히 선호하는 대상이 없는 상
태에서부터 증오, 혐오에 이르기까지 다양한 변화를 지닌다.

41 타인을 이해하는 종교 교육

인도가 정신적 파산을 선고하는 지경에까지 이르지 않으려 면 적어도 종교 교육도 일반 교육 정도로 비중 있게 다루어야 할 것이다. 종교 교육이라는 것은 종교를 다룬 책을 공부하는 것으로 대체될 수 있는 성질의 것이 아니기 때문에 종교를 갖 고 있지 않은 학생들에게는 종교 교육 대신 그 정도로 가치 있 는 것을 가르쳐야 한다. 그런데 이렇게 하고 있는 학교가 얼마 나 있는지는 잘 모르겠지만 아무튼 우리 아이들이 청소년 시 기에 이를 때 정도면 다른 일에 대해서와 마찬가지로 종교적 인 문제에 대해서도 스스로 주관할 수 있는 능력이 있어야 한 다. 종교 교육은 경우에 따라서는 토론 클럽이나 베 짜기 클럽 처럼 하나의 동호회 형식으로 시작할 수도 있을 것이다.

-《영 인디아》, 1927년 8월 27일

종교 교육 과정

종교 교육 과정에는 자기 종교뿐만 아니라 타종교 이해를 위한 내용을 반드시 포함해야 한다. 그리고 우리 학생들에게 존중과 관용의 정신으로 세계의 여러 위대한 종교들의 가르침을 이해하고 존중하려는 의지와 능력도 길러주어야 한다. 그런데 사실 이러한 교육은 제대로만 하면 오히려 자기 종교를 더욱 잘 이해하고 영적으로 확신할 수 있는 계기가 될 수 있다.

그런데 세계적으로 위대한 종교들에 대해서 공부할 때 반드시 명심해야 할 사항이 하나 있는데, 그것은 그 각각의 종교를 제대로 성실하게 믿는 사람이 쓴 책을 통해서 그 종교를 연구해야 한다는 것이다. 예를 들어, 바가바타[27]를 알고자 한다면 그것에 대해서 반감을 가지고 있는 사람 말고 바가바타에 대해서 진정으로 애정을 가지고 있는 사람이 쓴 책을 보아야 한다. 마찬가지로, 성경을 제대로 공부하려면 헌신적인 기독교인이 쓴 주석서를 보라. 다른 종교에 대해서 이와 같은 자세

---

27 바가바타(Bhagavata) : 푸라나(Purana –고 대 인도의 신화 · 전설 · 왕조사를 기록한, 산스크리트어로 씌어진 힌두교 성전) 중 대중적으로 사랑받는 성전의 하나. 비슈누Vishnu의 화신(化身) 혹은 박티(Bhakti –헌 신, 신애)의 강조인 크리쉬나Krishna의 무수한 업적을 다루고 있다.

로 접근하게 되면, 모든 종교가 서로 확고하게 일치하고 있음을 이해하게 될 것이고, 아울러 본질적으로는 '하찮은 것일 수 있는 교리나 신앙의 차이'를 넘어서 보편적이고 절대적인 진리를 볼 수 있게 된다.

- 《영 인디아》, 1928년 12월 6일

42 성교육

성에 대한 성차별적 고정관념이 인도의 다른 지역에서처럼 구자라트에서도 계속해서 공고해지고 있으며, 급기야 이러한 고정관념에 사로잡힌 이들은 성차별에 어떤 가치 있는 이유가 있는 것처럼 느끼기조차 한다. 만일 노예가 자신에게 채워진 족쇄에 자부심을 느끼고 그 족쇄를 마치 귀한 보석인양 소중하게 간직하기 시작한다면, 이는 그 노예의 주인이 완벽하게 승리를 거두었다는 의미일 것이다. 그러나 큐피드의 이러한 승리가 아무리 극적으로 보인다 할지라도, 확신컨대 그러한 승리는 생명력이 결코 길지 않을 것이며 승리의 내용도 불명예스러운 것임이 드러날 것이고, 그래서 마침내는 독을 소진한 전갈처럼 허무하게 사라져버리고 말 것이다. 하지만 그렇다고 해서 그렇게 될 동안 우리는 그저 손을 가지런히 포개고 얌전하게 앉아서 기다리면 된다는 말을 하려는 것이 아니다.

성 차별이 반드시 언젠가는 사라질 것이라는 생각으로 안일하게 마음 놓고 있어서는 안 된다. 그러한 안도감은 참으로 잘못된 것이다.

욕정 다스리기

욕정을 다스리려는 노력은 남성이나 여성 모두에게 있어서 가장 고귀한 일이 아닐 수 없다. 욕정을 다스리지 못하면서 자기 자신을 다스려보겠다고 하는 것은 정말로 말이 안 된다. 그리고 자신을 다스리지 못하면, 결국 인도의 독립도 가능할 수가 없다. 자신을 다스림 없이 다른 모든 것을 다스린다는 것은 마치 겉으로 보기에는 매혹적이지만 그 속은 텅 빈 그림 속의 장난감 망고처럼 믿을 수도 없고, 매우 실망스러운 일이 될 것이다. 욕정을 이기지 못하는 일꾼은 하리잔이나 마을 공동체의 화합, 카디[28]나 소 보호 운동 혹은 마을 재건 운동에 진정으로 헌신할 수 없다. 이와 같은 위대한 운동들은 지적인 무장뿐만 아니라 정신적인 노력과 영혼의 힘을 필요로 하기 때문

---

28 카디(Khadi) : 1920년 인도에서 정치적 수단으로 도입. 수입품에 대한 불매운동인 스와데시 정신을 구체적으로 표현하기 위한 가장 효과적인 수단이었다. 카디는 모든 성인 남녀와 어린아이들에게 대영 비협력 운동의 한 부분으로서의 자기수양 self – discipline 과 자기희생 self – sacrifice 의 정신을 기를 수 있는 기회를 마련해주었다.

이다. 영혼의 힘은 오로지 신의 은총으로 허락되는 것인데, 욕정의 노예가 된 사람에게는 신의 은총이 내리지 않는다.

교육에서 성교육의 위상

그러면 우리 교육 체제에서 성교육이 차지하는 위치는 어디일까? 아니, 도대체 성교육이 필요하다고 생각이나 하고는 있는 걸까? 성에 관한 학문은 크게 두 가지 종류가 있는데, 하나는 성욕을 조절하고 극복하는 데 도움이 되는 것이고, 다른 하나는 성욕을 오히려 자극하고 증대시키는 데 도움이 되는 것이다. 어린이 성교육에 필요한 것은 바로 전자이며, 후자의 경우는 오히려 해롭고 위험하므로 반드시 피해야 한다. 모든 위대한 종교는 카마(Kama : 인도 신화에 나오는, 사랑과 색욕의 신)를 분노나 증오보다도 더한, 인간의 최대의 적으로 간주하는데, 나 또한 그렇게 생각한다. 기타(Gita)에서도 분노나 증오는 욕정의 소산이라고 하였다. 물론 기타에서는 카마를 '욕망'이라는 넓은 의미로 사용하고 있지만 성교육에서 사용하는 좁은 의미에서의 '욕정'으로 바꾸어 생각해도 결국 마찬가지라고 나는 생각한다.

생식기의 기능

어린 학생들에게 생식기의 기능과 사용에 관한 지식을 가르치는 것이 과연 바람직한 일인가에 대한 교육적 판단은 여전히 풀리지 않은 숙제로 남아 있다. 개인적인 판단으로는, 어느 정도는 그러한 지식을 가르칠 필요가 있지 않나 싶다. 사실 지금 아이들은 실제로 어떤 방식으로든 그러한 지식을 접하게 되고, 그렇게 해서 얻은 성 지식을 잘못 쓰는 경우가 종종 있음을 우리는 잘 알고 있다. 그러나 잘못된 성 지식으로는 욕정을 적절하게 조절하고 극복하는 것이 결코 가능하지 않다. 바로 이러한 이유 때문에, 나는 어린 학생들에게 생식기의 중요성과 그것을 올바르게 사용하는 방법을 가르쳐야 한다고 생각하게 된 것이며, 실제로도 내가 맡은 어린이들에게 내 식대로 성교육을 하고 있다.

성욕의 순화

내가 말하는 성교육은 성욕을 극복하고 순화하는 데 그 목적이 있다. 이러한 성교육은 자연히 학생이 인간과 짐승의 근본적인 차이가 무엇인지를 분명하게 자각하는 데 도움이 되며, 감성뿐만 아니라 이성의 능력까지도 부여받은 것이 인간의 특권이자 자랑임을 깨닫게 해줄 것이다. 인간은 감정적 동물일 뿐만 아니라 생각할 줄 아는 이성적 동물이기에, 맹목적인 본능을 다스릴 수 있는 이성의 영역을 포기하는 것은 곧 인간이기를 스스로 포기하는 것이나 마찬가지다. 인간의 경우는 이성이 감정을 자극도 하고 통제도 하지만, 동물의 경우는 그 영(靈)이 동면(冬眠)하고 있어서 작동하질 않고 있다. 우리가 '마음을 닦는다' 함은 잠자는 영혼을 깨우고 이성을 깨우는 것이며, 선과 악을 구별할 줄 아는 안목을 갖게 하는 것이다.

성교육은 누가 해야 하는가

그렇다면 누가 성교육을 해야 하는가? 두말할 필요도 없이 자신의 욕망을 성공적으로 통제할 수 있는 사람이어야 한다. 우리는 천문학이라든가 여타의 학문을 가르칠 때 그 분야에서 소정의 교육 과정을 훌륭하게 마치고 실제적인 경험도 많은 사람을 교사로 쓴다. 이와 마찬가지로 성교육을, 좀 더 구체적으로는 성욕을 극복하고 통제하는 학문을 교육하는 교사라면 당연히 그 분야를 제대로 공부한 사람이면서 실제로 자기 자신을 잘 다스릴 수 있는 사람이어야 하는 것이다. 성실함과 실제적 경험이 뒷받침되지 않은 말은 아무리 목청을 높인다고 해도 아무런 설득력도, 생명력도 없어서 사람의 마음을 파고 들어가 감동시킬 수 없는 반면, 진정한 깨달음과 실제적 경험에서 솟구쳐 나오는 말에는 누구라도 귀를 기울이게 되는 법이다.

　오늘날 우리의 전반적인 환경, 즉 우리가 읽는 책이나 품고 있는 생각 혹은 우리의 사회적 행동 등 우리가 행하고 관계하는 모든 것들이 성적 충동을 조장하고 충족시키는 쪽으로 과도하게 치우쳐 있는 경향이 있다. 따라서 이러한 추세를 바꾸어내는 일은 비록 쉬운 일은 아닐지라도 우리가 한번 최선을 다해서 노력해볼 만한 가치가 있는 일임은 분명하다. 자기 통제를 인간이 성취해야 할 최고의 이상적 덕목으로 삼고, 자신의 사명을 다하고자 온몸으로 헌신하며, 밤낮없이 수행에 정진하면서 늘 활동적인, 그러면서도 실제적인 경험으로 무장된 교사가 단 몇 명이라도 있다면, 그들의 헌신적 교육 실천이야말로 구자라트 어린이의 앞날을 밝혀주고, 어린이가 경솔하게 성욕의 수렁으로 빠지는 것을 막아주며, 이미 그 수렁에 빠진 어린이도 구해낼 수 있을 것이라고 나는 확신한다.

　-《하리잔》, 1936년 11월 21일

43 여성 교육 (1)

읽고 쓸 수 없어도 얼마든지 훌륭하고 유용한 일을 할 수 있는 것은 사실이지만, 오늘날은 예전과 달리, 글을 모르고서는 할 수 있는 일이 거의 없다. 그렇기 때문에, 나는 모든 사람이 읽고 쓰는 능력을 꼭 갖출 필요가 있다고 생각한다. 또한 글을 익혀 좋은 책을 읽을 수 있게 되면 그만큼 지적 능력도 발달하기 때문에, 자연히 일반 대중이나 국가에 봉사할 수 있는 능력도 커지게 된다. 물론 나는 읽고 쓰기의 중요성을 과대 평가하려고 하는 것이 아니다. 다만 글을 익히는 것은 그만한 가치가 있음을 말하고자 할 따름이다. 나는 단지 배움이 모자란다는 이유로 남성이 여성의 정당한 권리를 빼앗아서는 안 된다는 것을 누차 강조해왔다. 그러나 이것만으로는 부족하다. 나는 여성이 자신의 권리를 잘 이용하고, 자신을 잘 가꾸며 또 대중 속으로 파고 들어가 그들과 함께할 수 있어야 한다고 생각한다. 그리고 이를 위해서는 적절한 교육적 도움이 필요하다. 이러한 목적에 알맞은 교육을 통해서 얻게 되는 지식 없이는 자기 자신을 올바르게 이해하는 것조차도 사실 힘들다. 뿐만 아니라 교육을 받지 않으면, 책을 통해서 무궁무진하게 얻을 수 있는 순수한 즐거움도 맛볼 수 없지 않겠는가! 교육받지 않은 인간은 동물과 별로 다를 것이 없다는 말은 결코 과장이 아니며, 분명 사실이다. 그러니 여성도 남성처럼 교육을 받아야 한다.

오묘한 한 쌍

그러나 여성이 지금 남성들이 받고 있는 것과 똑같은 교육을 받을 필요는 없다. 왜냐하면 무엇보다도 지금 정부가 시행하는 교육은 크게 잘못되었고, 때로는 해롭기까지 하다는 사실 때문이다. 즉 지금 남성들이 받고 있는 교육은 여성뿐만 아니라 남성도 받아서는 안 되는 것이다. 혹 그것이 안고 있는 문제를 모두 제거했다고 하더라도, 지금의 교육은 여전히 여성에게는 적합하지 않다고 생각한다. 남성과 여성은 그 지위에 있어서는 동등하지만, 신체적 혹은 정신적인 측면에서는 서로 차이가 있다. 그리고 바로 그 차이 때문에, 남성과 여성은 오묘한 한 쌍을 이루어 서로를 보완하며, 한쪽이 없으면 나머지 한쪽도 존재할 수 없기에 서로가 서로를 절대적으로 필요로 하는 것이다. 따라서 어느 한쪽의 지위에 손상을 주면 필연적으로 나머지 쪽도 그만큼의 손상을 받을 수밖에 없다. 여성 교육을 계획하는 이들은 이 사실을 반드시 명심해야 할 것이다. 결혼 후, 남자는 바깥일을 주로 담당하게 된다. 그래서 바깥일에 필요한 지식을 많이 아는 것이 필요할 것이다. 반면 여자는 주로 집안일을 맡아서 하기 때문에, 집안을 관리하고 자녀들을 양육하는 일에 필요한 지식을 배워야 한다. 이는 여자는 남자가 배우는 지식을 알아서는 안 된다든지, 남자는 여자에게 필요한 지식을 배워서는 안 된다는 뜻이 전혀 아니다. 다만 신체적, 정신적 차이에 따른 남녀의 역할 차이를 고려하지 않은 교육은 오히려 남성과 여성이 각각 자기 고유의 영역에서 제대로 된 능력을 발휘할 기회를 앗아가는 결과를 낳을 수도 있기 때문에 하는 말이다.

여성과 영어 교육

여성에게 영어가 과연 필요한 것인가에 대해서 몇 마디하고 싶다. 일반적으로 말하자면, 남성에게든 여성에게든 영어가 그리 필요한 것이 아니라는 것이 나의 생각이다. 물론 남성의 경우는 생계를 위해서나 정치적인 활동을 위해서 영어가 필요할 때가 있을 것이다. 그러나 대다수 여성의 경우는 그들이 생계를 꾸려나가거나 기업을 운영하는 것은 아니지 않는가! 그렇기 때문에, 영어를 배울 필요가 있는 여성은 실제로 극소수에 불과할 것이며, 따라서 영어를 배우기 원하는 여성은 남학교에서 배울 수 있게 해주면 될 것이다. 모든 여학교에서 영어를 가르친다는 것은 우리가 학교에서 하는 일 없이 무기력하게 낭비하는 시간을 더 늘리는 일에 다름 아닌 것이다.

간혹 어떤 사람은 여성도 남성처럼 영어로 씌어진 문학 작품에서 그 작품의 풍요로운 진수를 직접 맛볼 수 있게 해주어야 한다고 말하지만, 감히 단언컨대 그런 생각은 잘못된 것이다. 이는 여성에게 그런 것이 필요 없다는 뜻이 아니다. 나는 영어로 씌어진 문학 작품들의 진수를 맛보는 것이 여성은 빼고 오직 남성에게만 허용된 것이라는, 말 같지도 않은 주장을 하려는 것이 절대 아니다. 문학을 사랑하는 사람이라면 당연히 세계 문학 작품을 두루 탐독하길 원할 것이고, 그 의지가 확고하다면, 아무도 그 사람이 하는 일을 막지도 않을 것이고 또 막을 수도 없을 것이다. 다만 지금은 전체 대중의 욕구와 필요에 부합하는 교육이 중심 주제이기 때문에, 문학을 사랑하는 소수 사람들의 특수한 요구에 초점을 맞추어서 전체 교육 계획을 세워서는 안 된다는 점을 강조하려는 것이다. 그런 사람들을 위해서는, 우리나라가 충분히 발전하고 잘 살게 되었을 때, 유럽에서 하는 것처럼 문학을 공부하고 연구하는 전문 기관을 따로 세우는 것이 필요할 것이다.

번역 작업

교육이 보편화되어 모든 남녀들이 교육받기 시작할 때쯤 되면 아마도 외국 문학이 주는 기쁨을 맛보게 해줄 작가들이 우리 가운데서 많이 생겨날 것이다. 그러나 우리가 지금처럼 영문학만을 선호한다면 우리말은 빈약한 채로 남아 있게 될 것이며, 이는 결국 우리 민족이 정신적으로 헐벗은 상태로 머물러 있게 되리라는 것을 뜻한다. 이것을 좀 극단적인 비유를 통해 다시 표현하자면, 나는 '다른 나라 말로 된 문학 작품에서 기쁨을 얻는 습관은 훔친 물건에서 기쁨을 얻는 도둑의 습관과 같다'고 감히 말하는 것이다. 영국 시인 포프는 《일리아드(Iliad)》에서 읽고 얻은 즐거움을 아름다운 영어로 번역하여 자기 민족에게 선사했으며, 피츠제라드도 오마르 카이얌(Omar Khayyam : 12세기 초의 페르시아 시인)의 시에서 느낀 기쁨을 매혹적인 영어로 형상화시켰다. 그 결과 수많은 영국인들이 마치 성서를 대할 때처럼 그 번역시를 매우 사랑하고 귀하게 여기고 있다. 에드윈 아놀드 또한 우리 인도의 《바가바드 기타(Bhagavad Gita)》의 달콤함을 맛보았으나, 그는 영국 사람들에게 자기가 체험했던 기쁨을 얻으려면 산스크리트어를 배워서 그 책을 읽으라고 요구하지 않았다. 그 대신 그는 단순한 번역에 머물지 않고, 말 그대로 자신의 온 영혼을 쏟아 산스크리트어로 된 원작보다 더 아름다운 작품을 만들었다. 그 결과 그 책에서 자기가 보았던 것을 다른 영국인들도 쉽게 경험할 수 있도록 해주었다. 이런 점에서 우리는 아직 한참이나 뒤쳐져 있는 것이고, 따라서 번역 작업에 더욱 관심을 기울여야 한다.

그러나 이 모든 것은 내가 말했던 방식대로 교육 계획을 세우고 실천해 나아갈 때만 비로소 가능할 것이다. 우리가 영어에 빠져서 우리말이 지닌 힘을 스스로 불신하는 일부터 극복할 수 있다면 이는 얼마든지 실현가능한 일이다. 여성이든 남성이든 훌륭한 문학 작품을 감상하기 위해 영어를 배우려고 시간을 허비할 필요가 절대로 없다. 이는 내가 판을 깨려고 하는 말이 아니다. 영어 교육을 받은 사람들이 원전(原典)에서 아주 힘들게 얻어낸 기쁨을 일반 사람도 번역물을 통해서 쉽게 누릴 수 있게 되었으면 하고 바라기 때문에 하는 말이다. 세상의 모든 언어 속에 그 나름의 귀중한 보석들이 가득 차 있는 것이지, 영어로 표현되어 있어야만 가치 있는 것이 아니다.

나는 모든 이들이 다양한 언어로 표현되어 있는 세계의 다양한 '보석'들을 접할 수 있게 되기를 진심으로 원한다. 그런데 이러한 희망을 실현할 수 있는 유일한 길은 우리 중 재능 있는 사람이 외국어를 배워서 외국 문학 작품을 우리말로 옮기는 것뿐이다.

－《참교육》, 159쪽

44 여성 교육 (2)

우리나라 여성 교육은 남성들이 받고 있는 교육만큼이나 잘못되어 있다. 우리의 여성 교육은 여성과 남성의 관계가 어떠해야 하는가에 대해서나, 우리 사회에서 여성이 차지하는 위치에 대해서는 전혀 고려하지 않았다.

어렸을 때는 남녀에 관계없이 모든 어린이가 똑같은 교육을 받아도 상관없지만, 기초 교육의 단계를 넘어서면 그 내용이 달라져야 한다. 자연 상태에서 여성과 남성이 서로 다른 것처럼 교육에서도 그러한 차이가 반영되어야 하는 것이다. 물론 남성과 여성이 평등하다는 것은 두말할 필요가 없다. 그러나 그들이 하는 일은 서로 다르다. 남자는 생계를 책임지고, 여자는 살림도 하고 저축도 한다. 또한 아이를 키우는 것은 여자의 몫이다. 어머니는 자녀의 품성을 기르고 교육할 책임이 있다. 그리고 바로 그처럼 어린 생명을 교육해서 온전한 성인을 만든다는 의미에서 모든 어머니는 바로 인류의 어머니라고 할 수 있는 것이다. 하지만 남성은 결코 인류의 아버지가 될 수 없는데 그 이유는, 아버지의 경우는 자녀가 성장하면 자녀에 대해 예전만큼의 영향력을 가질 수 없기 때문이다. 하지만 어머니의 경우는 다르다. 자녀는 장성한 이후에도 어머니 앞에서는 아이처럼 행동한다. 아버지 앞에서는 그렇게 하지 않으면서 말이다.

여성은 생계를 책임질 필요가 없다

앞에서 말한, 성 차이에 따라 역할의 차이가 있을 수 있다는 것이 자연스럽고 올바른 판단이라면, 여기에서 여자가 생계를 책임질 필요가 없다는 결론이 자연스럽게 도출된다. 그래서 여성들이 전신원이나 타자수 혹은 식자공으로 일해야만 하는 사회는 제대로 된 사회라고 보지 않는다. 만약 어떤 사회의 구성원이 돈벌이 자체를 위한 삶을 살기 시작했다고 한다면, 그것은 바로 경제적 파탄뿐만 아니라 도덕적 타락을 의미하는 것이다. 여성을 무지와 억압적인 분위기 속에 방치하는 것도 잘못이지만, 남성의 책임이요 몫인 일을 여성이 하도록 떠맡기는 사회도 허약하고 억압적인 사회로서 잘못된 일이다.

그러므로 여성은 일정한 나이가 되면 남성이 받는 것과는 다른 내용의 교육을 받아야 한다. 즉 가정을 꾸리는 일, 임신 중에 해야 할 일과 하지 말아야 할 일, 자녀를 양육하는 일 등과 같은 것에 대해서 적절한 교육을 받아야 하는 것이다. 그런데 이는 매우 새로운 발상이기 때문에, 이러한 목적을 실현할 수 있는 적절한 교육 과정을 만들어내는 일이 그리 쉽지가 않다. 따라서 지금과 같은 상황에서는 여성 교육을 위한 특별 위원회 같은 것을 조직하는 것이 급선무일 듯싶다. 그래서 올바른 생각과 풍부한 경험을 지닌 훌륭한 인격의 남성과 여성으로 구성하여 여러 가지 문제를 검토하고, 그에 대한 올바른 결정을 내리고, 목적에 합당한 계획을 만들어서 아동기를 지나 사춘기로 접어든 여학생들에게 꼭 필요한 내용을 가장 효과적인 방법으로 가르칠 수 있는 길을 찾아내야 할 것이다. 그러나 불행히도 우리나라에서는 어린아이의 티를 채 벗지도 못한 소녀들에게 결혼이라는 굴레를 씌우는 일이 허다하며, 그 수는 점점 더 늘어가는 추세이다. 결혼과 동시에 그들의 사회적 삶은 완전히 끝장나고 마는데도 말이다.

조혼(早婚)

단순히 여학생을 가르치는 일만으로는 여성 교육을 완수했다고 말할 수 없다. 조혼 풍습에 얽매여 수많은 소녀들이 열두 살 정도의 어린 나이에 우리 눈앞에서 사라져버리기 때문이다. 그 어린 소녀들이 한순간에 소녀에서 가정 주부로 탈바꿈해버리는 것이다. 이러한 몹쓸 풍속이 지속되는 한 여성 교육을 할 수 있는 방법은 오직 한 가지 길밖에는 없는데, 그것은 남성이 여성을 '내가 저 사람의 교사다'라는 마음을 가지고 대하는 것이다.

참으로 지금과 같은 현실에서 여성 교육의 성패는 남성이 바로 그 교사로서의 역할을 얼마나 잘해줄 수 있느냐에 달려 있는 것이다. 또한 여성은 지금처럼 남성의 종이나 노리개로 취급받는 것을 거부할 수 있어야 하며, 남성과 더불어 인생의 동반자로서 행복과 불행을 함께 나누며, 전쟁터와 같은 삶을 함께 헤쳐 나가는 평등한 동료로 거듭나야 한다. 바로 이러한 것들이 이루어지지 않고는 우리의 어떠한 노력도 헛된 것이 되고 말 것이다.

남성들 중에는 자기 아내를 동물 다루듯이 대하는 사람들이 있는데, 이러한 일이 가능할 수 있는 데에는 산스크리트 격언과 툴라시다(Tulasidas, 1532~1623)의 유명한 시구의 책임이 크다고 본다. 툴라시다는 〈라마야나〉라는 시에서 "북, 바보, 수드라와 여자―이것들은 매로 맞아야만 하는 존재들이다"라고 말했던 것이다. 나는 개인적으로 툴라시다를 높이 평가하는 사람이지만 무조건적으로 숭배하지는 않는다. 이 시구는 후대에 와서 누군가가 임의로 삽입했을 가능성이 있다. 하지만 툴라시다가 실제로 쓴 말일수도 있는데, 그렇다고 하더라도 툴라시다가 살던 시대에 상식으로 통했던 생각을 그저 아무 생각 없이 자신의 시에 갖다 쓴 것일 것이다. 산스크리트 격언의 경우도 마찬가지로, 모든 쉴로카[29]를 마치 경전에 나오는 진리인 양 절대적으로 떠받드는 것은 문제가 있다고 생각한다. 우리는 이러한 잘못된 편견과 싸워야 하고 여성을 처음부터 열등한 존재로 여기는 풍조를 뿌리부터 뽑아버려야 한다.

우리의 궁극적인 목표

그런데 이와는 반대로, 우리 중에는 열정이 지나쳐서 여성을 무조건적으로 떠받들고 마치 인형을 가지고 놀 때처럼 여자를 화려하게 치장하는 잘못을 저지르는 이가 많은데, 이것 또한 우리가 경계해야 할 폐습이다. 우리가 궁극적으로 바라는 것은 우선 모든 여성이 파바티[30]가 마하데바[31]에게, 시타[32]

---

29 쉴로카(shloka) : 힌두교의 기도, 시, 경구, 찬가의 한 형태. 가장 일반적인 형태는 두 줄의 운문으로, 각각 16개의 음절로 되어 있다. 쉴로카는 산스크리트 서사시, 〈마하바라타〉 그리고 〈라마야나〉의 초기 운문 형식이다.

가 라마[33]에게, 그리고 다마얀티[34]가 날라[35]에게 그랬던 것처럼 똑같은 존재로 남성 앞에 설 수 있게 하는 것이다. 그렇게 하고 난 후에야 남성과 함께 동등한 자격으로 토론도 하고 논쟁도 벌이며, 다양한 생각을 이해할 수 있을 뿐만 아니라 어떤 특정한 생각에 힘을 실어주기도 하고, 여성 특유의 공감 능력에서 나온 탁월한 통찰력을 통해 우리에게 닥친 어려움을 올바로 인식하여 그 문제를 함께 풀어나가는 동반자가 될 수 있는 것이다.

바로 이것이 우리의 궁극적인 목표인데, 이는 그저 여학교를 세우는 것만으로는 달성될 수 없다. 지금처럼 조혼이라고 하는 굴레에서 헤어나지 못하고 있는 현실에서는 남성이 여성

---

30 파바티(Parvati) : 힌두교의 여신. 힌두교의 전통으로, 특히 결혼한 여인들은 남편의 건강과 장수를 빌기 위해 파바티를 숭배한다. 파바티는 산스크리트어로 '산(山)'을 의미하며, 파괴의 신 시바Shiva의 두 번째 부인이다.

31 마하데바(Mahadeva) : 강력한 신 마하데바는 세 개의 머리 — 두 남자와 한 여자의 머리 — 를 가진 시바Shiva의 별칭이다.

32 시타(Sita) : 인도의 대서사시 〈라마야나〉의 주인공 라마의 아내.

33 라마(Rama) : 인도 신화에 나오는 비슈누 신의 일곱 번째 화신(化身)이며, 인도의 대서사시 〈라마야나〉의 주인공이다.

34 다마얀티(Damayanti) : 힌두교 신화에 나오는 인물. 날라의 아내. 다마얀티는 날라의 덕행과 교양에 대한 이야기만을 듣고 그를 사랑하게 된다.

35 날라(Nala) : 힌두교 신화에 나오는 인물. 다마얀티의 남편으로, 그들의 이야기는 〈마하바라타〉에 의해 전해진다. 날라는 말 타기와 요리에 관한 전문 기술을 갖고 있는 반면 도박을 즐긴다는 약점을 가지고 있다.

의 선생 역할을 해주는 것이 참으로 필요한 것이다. 그런데 선생의 역할을 하라는 것은 그저 글자나 가르치라는 의미가 아니라 정치나 사회 개혁 문제까지도 포함하여 가르칠 수 있어야 한다는 뜻이다. 글자를 깨치는 것은 정치나 사회 개혁 문제를 다루기 위한 '수단'으로서의 의미를 지닐 뿐, 사실 글자를 모르고도 이런 문제들은 얼마든지 다룰 수 있다.

교사라는 마음가짐으로 아내를 가르치고자 하는 남편은 무엇보다도 아내에 대한 자신의 태도부터 바꿀 필요가 있다. 우선 남편 자신이 배우겠다는 자세로 아내와 함께 학생의 자리에 서야 하고, 아내가 신체적으로 충분히 성숙할 때까지 철저하게 금욕 생활을 할 수 있어야 한다. 어떠한 일이 있어도 열두 살 혹은 기껏해야 열다섯 살 정도 된 어린 소녀에게 임신의 고통을 주어서는 안 된다. 이는 참으로 생각만 해도 끔찍한 일이 아닌가! 그렇게 해야만 지금처럼 인습에 짓눌려 삶이 파괴되는 일이 더 이상 일어나지 않을 것이다.

- 《참교육》, 31쪽

45 이상적인 기숙사

'기숙사(hostel)'라는 용어를 좀 더 넓은 의미로 생각해보자. 무언가를 배우려고 하는 사람을 학생이라고 할 때, 그런 학생이 두 명 이상 모여 사는 곳이라면 어디든 다 기숙사라고 나는 생각한다. 그리고 이런 기숙사를 성공적으로 운영하기 위한 가장 중요한 조건이 있다면, 그것은 바로 기숙사 사감이 훌륭한 인격의 소유자이어야 한다는 것이다. 기숙사를 단순히 하숙집 정도로, 그러니까 학생들이 끼니를 해결하기 위해서 모여 사는 곳 정도로 그 의미를 깎아내려서는 안 된다. 기숙생은 서로를 마치 가족처럼 친밀하게 느낄 수 있어야 하고, 사감은 집안의 가장 역할을 해야 한다. 즉 기숙생에게 관심을 가지고, 그들과 늘 교제하며, 식사도 함께해야 하는 것이다.

잘만 운영하면, 기숙사는 학생에게 학교 이상으로 중요한 곳일 수 있다. 사실 따지고 보면 기숙사야말로 진정한 학교라고도 할 수 있는 것이다. 초·중·고등학교나 대학에서는 주로 책을 통해 지식을 얻지만 기숙사에서는 모든 종류의 지식을 다 얻을 수 있기 때문이다. 그래서 가장 이상적으로는 기숙사와 학교가 함께 있어서 교사와 학생이 함께 생활함으로써 기숙사생들도 학교에서와 같은 관리 감독을 받으며 생활하는 것이다. 기숙사를 마치 하나의 가정과 같은 분위기로 만들어서 진짜 가정에서도 얻기 어려운, 성장과 발전을 위한 이상적인 조건들을 그 안에서 만들어내야 하는 것이다. 지금 우리가 해야 할 일은 기숙사를 구루쿨라[36]로 변화시키는 것이다.

그런데 현재 우리나라 기숙사의 대부분은 많은 문제를 안고 있다. 학생들에게는 기숙사를 자기 집처럼 여기는 마음이 부족하다는, 그리고 기숙사를 운영하는 쪽에는 학생들의 삶 속으로 충분히 파고들지 못했다는 문제가 있는 것이다.

---

36 구루쿨라(Gurukulas) : 구루쿨라 시스템은 고대 인도에서 교육과 관련된 중요한 개념 중 하나이다. 선생과 구루가 자신의 가족과 함께 살면서 학생들을 가르친다. 도시로부터 떨어진 조용한 숲에 자리 잡고 있다. 구루쿨라에 입학하기 위해선 어려운 과정을 거쳐야 하며, 학생은 자신을 몇 년 간 지도해줄 구루에 대한 강한 신뢰가 있어야 한다.

도시를 벗어나

대체로 기숙사는 도시를 벗어나 있는 것이 좋으며, 그 기숙사가 자리 잡은 마을이나 도시에 개선해야 할 점이 있다면 기숙사에서도 똑같은 개선이 이루어져야 한다. 예를 들어, 청결과 위생을 위한 생활 개선이 필요한 지역에 기숙사가 위치하고 있으면 기숙사에서부터 위생적이고 청결한 생활이 이루어져야 하고, 그런 생활을 유지하기 위한 규칙이 철저하게 준수되어야 한다. 그리고 이상적인 기숙사가 되기 위해서는 좋은 욕실과 화장실이 있어야 하고, 통풍이 잘 되어야 하며, 정원도 있어야 하는데, 그래서 임대한 건물에 좋은 기숙사를 꾸민다는 것은 실제로 불가능하다.

이상적인 기숙사는 건물을 올리고, 가구를 들이고, 내장을 하는 모든 과정에서 국산품을 사용해야 하며, 그 마을 고유의 예술과 기술, 삶의 방식 등도 반영해야 한다. 건물은 사용자의 필요와 요구에 맞추어 지어야 하겠지만, 동시에 우리나라가 아직 가난하다는 사실도 염두에 두어야 한다. 따라서 부유하고 풍요로운 서구 여러 나라들의 기숙사가 우리의 모델이 되어서는 안 된다. 또한 건물의 형태는 그 지역의 조건에 맞추어 결정되어야 하는데, 그러한 나라들의 기후 조건 역시 우리와 다르다.

이상적인 기숙사라면, 기숙생이 게으르거나 허약해지는 것 혹은 제멋대로 구는 것을 허용해서는 안 된다. 또한 기숙사에서 제공하는 식단은 그야말로 진리를 추구하는 사람의 삶에 부합하도록 검소해야 하며, 기도를 위한 시간도 있어야 하고, 일과 휴식과 잠에 관한 규칙들도 정해놓아야 한다.

아슈람과 같은 기숙사

이상적인 기숙사라면, 아슈람의 형태를 자연스럽게 띠게 될 것이다. '학생(student)'이라는 말은 최근에 와서 생겨난 현대어인 반면, 학생이라는 뜻을 가진 고대어 '브라마챠리(Brahmachari)'는 현대어 '학생'보다 더 풍부한 의미를 지니고 있으며, 학생으로서 살아가야 할 이상적인 삶의 내용을 훨씬 더 깊이 있게 함축하고 있다. 이러한 전통적 의미에서의 '학생(Brahmachari)'에게 있어서 감각을 통제하고, 몸과 마음을 정결하게 하며, 근원적인 실재에 도달할 수 있는 통찰력을 가지고 학문에 헌신하는 이른바 브라마차랴(Brahmacharya) 혹은 영성 훈련(spiritual discipline)은 공부하는 시기에 반드시 경험해야 하는 중요한 교육 과정이다. 기숙사에 들어가는 것이 허락될 수만 있다면 오늘날처럼 혼란스러운 때일수록 결혼한 학생도 공부를 마칠 때까지는 영성 훈련에 정진할 수 있도록 기숙사 생활을 하는 것이 좋다고 생각한다. 여기서 결혼한 학생이 영성 훈련에 정진한다 함은 무엇보다도 공부하는 동안 자기 아내와 떨어져 산다는 것을 의미하는 것이다.

독자들은 부디 이상적인 기숙사란 어떠해야 하는가에 대해 지금까지 내가 설명한 것을 기억하길 바란다. 물론 현실적으로 모든 기숙사가 내가 설명한 식의 이상적인 기숙사가 될 수 있다고는 생각하지 않는다. 그러나 적어도 내가 제안한 기숙사를 이상적인 표준으로 동의해줄 수만 있다면 모든 기숙사가 그 표준과 비교하면서 각자의 수준을 평가할 것이고, 또 가급적 표준에 도달하기 위해 최소한의 노력은 하지 않겠는가!

  -《나바지반》, 1929년 3월 3일

46 기숙사 생활

　기숙사 생활은 마치 자기 가족과 생활하는 것처럼 해야 하며 가정에서 부모가 했던 역할을 사감이 대신 맡음으로써 기숙생과 사감이 한 가족처럼 지내야 한다고 나는 생각한다. 만일 사감에게 아내가 있다면 이들 부부가 기숙사 공동체의 아버지와 어머니 역할을 해야 한다.

　교육적인 효과에 관해선, 나 개인적으로는 학교보다 기숙사에 더 가치를 두고 싶다. 학교라는 곳에서는 결코 얻을 수 없는 소중한 지식을 기숙사에서는 얻을 수 있기 때문이다. 사실 학교에서 지적 교육을 하고 있다고는 하지만 그저 앉아서 수동적으로 듣는 교육만으로는 충분하지 않다. 오히려 들은 것을 실제 생활에서 반복적으로 행하는 것이야말로 오래 남고 진정으로 자기 것이 되는 것이다. 비록 당사자는 그것을 느끼지 못할지라도 말이다. 실로 학생의 사고력을 키워주는 데에

학교는 기숙사만 못하다(학교라는 곳은 그 나름의 장점과 단점을 가지고 있는데, 지금은 그 단점에 대해서만 이야기하고 있을 뿐이다). 따라서 앞으로는 기숙사가 지금 학교가 하고 있는 역할까지도 함께 떠안아야 한다는 것이 나의 생각이다.

사감의 역할

학교에서 얻을 수 없는 것을 기숙사에서는 얻을 수 있다. 사감은 단지 기숙사 살림을 하는 정도에 만족해서는 안 되고, 기숙생들이 학교에서 어떻게 생활하는지도 잘 알고 있어야 한다. 사감은 기숙생을 친자식이나 제자처럼 생각하여야 하며, 그들의 학업이나 복지를 증진시키기 위해서 노력하여야 한다. 만약 기숙생이 기숙사 생활로 인해서 자신의 굳건한 성품을 잃어버린다든지, 사고(思考)가 비조직적으로 흐른다든지 혹은 지적 능력이 마비되어 한낱 쓸모없는 어중이떠중이로 전락해버린다면 그 일차적인 책임은 사감이 떠안아야 할 것이다. 왜냐하면 이런 것들은 바로 기숙사 사감이 무능할 때 생기는 일들이기 때문이다.

기숙생의 의무

지금까지는 사감에 관한 이야기를 많이 했는데, 이제는 학생들에게 몇 마디 하고자 한다. 만일 학생의 자부심이 지나친 나머지 사감 선생님을 자신의 뒤치다꺼리나 하는 하인 정도로 여긴다면 그것은 참으로 큰 실수를 범하는 것이다. 이는 자신이 직접 해야 하는 일이란 아무것도 없고 필요한 일이 있다면 하인을 시키면 된다는 사고방식의 연장선상에 있는 것으로, 정말로 잘못된 것이다.[37]

기숙사라는 곳은 하루하루를 편안하고 안락하게 지낼 수 있게 해주는 장소가 아니라는 것을 학생들은 분명하게 인식해야 할 것이며, 아울러 기숙사비를 지불함으로써 자신이 기숙사에서 받는 모든 혜택에 대해 충분한 대가를 치렀다는 생각도 버려야 할 것이다. 기숙생이 내는 기숙사비로는 필요한 모든 경비를 충당하기에 결코 충분하지 않다.

기숙사란 그저 편안하고 안락하게 지낼 수 있으면 최고라는 생각을 했던 세스라는 사람은 무지했던 탓에, 기숙생의 욕구를 한껏 채워주어야 그들이 발전할 수 있고, 또 그들을 편안

---

37 편집자 주 : 청소를 포함해서 기숙사 생활에 필요한 모든 일을 학생 스스로 해야 함은 말할 필요조차 없다. 기숙사 생활을 하면서 자신의 일을 자기가 한다고 해서 결코 학업에 방해가 되지 않을 뿐더러, 그러한 일을 스스로 함으로써 실생활을 경험할 수 있고, 건강도 좋아지며, 덤으로 돈까지 절약할 수 있는 것이다. (《하리잔》, 1933년 9월 30일)

하고 안락하게 생활할 수 있게 해주는 것이야말로 종교의 존재 이유와 부합하는 것이라고 생각하면서 많은 편의 시설을 갖춘 기숙사들을 지었다. 그런데 이런 잘못된 믿음에 기초해서 세워진 기숙사에서의 생활은 학생을 옳은 길보다는 잘못된 길로 이끌었는데, 학생은 기숙사 생활을 통해서 성품이 더 나아지기는커녕 나빠졌고, 심지어 남에게 의존하는 습관까지 생겨났다.

참으로 학생들은 자기가 받은 것은 반드시 되돌려 주어야 하며, 그렇게 하지 않는 것은 마치 훔친 재물로 살아가는 것과 같다는 사실을 분명하게 깨달을 필요가 있다. 어린 시절, 나는 아카 바가트(Akha Bhagat)의 시를 읽은 적이 있는데, 그 시에 다음과 같은 구절이 있다.

훔친 재물로 살아가는 것은 가공되지 않은 수은을 먹는 것과 같다.

합법적이지 못한 재물로 살아가는 학생은 결코 영웅적인 소질을 계발할 수 없고 그저 비굴하고 복종적인 인간이 될 뿐이다.

-《나바지반》, 1930년 2월 23일

47 지성의 계발인가, 낭비적 교육인가

　나는 지성을 정말 제대로 계발할 수 있는 방법은 손과 발, 눈과 귀, 코 등과 같은 신체 기관을 적절하게 단련하고 사용하는 것이라고 믿고 있다. 달리 표현하면, 어린이의 신체 기관을 '지적으로' 사용하는 것이 바로 그들의 지성을 계발하는 가장 훌륭하고도 빠른 길이라는 말이다. 그러나 만일 지적인 발달과 신체의 발달에 걸맞은 '영혼의 각성'이 함께 일어나지 않는다면, 신체와 지성이 아무리 발달한다고 하더라도 어린이의 발달이 여전히 한쪽으로만 치우쳐서 균형을 잃었다고 볼 수밖에 없을 것이다. 여기서 영혼을 각성시키는 교육이란 '심성 교육(education of the heart)'을 뜻한다. 따라서 심성이 전면적으로, 그리고 적절하게 발달하기 위해서는 어린이의 신체적, 지적 능력을 향상시키는 교육과 함께 심성 교육이 반드시 필요한 것이다. 신체와 정신과 영혼의 발달, 이 세 가지는 서로 떨어져서 존재할 수 없는, 하나의 '전체'를 이룬다. 그리고 바로 이러한 관점에서 보자면, 그 세 가지 능력을 서로 떨어뜨려 개별적으로 계발할 수 있을 것이라는 생각이야말로 엄청나게 잘못된 것이라고 말할 수 있겠다.

적절한 조화가 깨질 때

신체와 정신과 영혼, 이 각각의 능력이 서로 적절하게 조정되고 조화되지 않으면 오히려 해로운 영향을 주리라는 것은 불을 보듯 뻔한 일이며, 실제로 그런 해악의 사례가 우리 주변에 비일비재하다. 다만 현실에서 벌어지고 있는 온갖 잘못된 일들이 바로 그 해악 때문이라는 사실을 우리가 인식하지 못하고 있을 따름이다. 우리 지역 마을 사람들을 예로 들어보자. 그들은 어릴 때부터 자기들이 부리는 가축처럼 이른 아침부터 밤늦게까지 뼈 빠지게 일을 한다. 그들은 지성이라든지, 생명의 고귀한 은총 같은 것이 가져다주는 생기 같은 것을 전혀 맛보지 못한 채, 고단하고 끝없는 기계적인 노역을 되풀이할 수밖에 없는 존재로 전락해 있는 것이다. 그들에게 있어서 삶이란 이미 매우 불행한 실패작으로서, 그저 어떻게든 살아갈 수밖에 없는 것 이상의 의미가 없다.

그런데 반면 도시는 어떤가? 대학을 포함하여 도시에 있는 대부분의 학교에서 교육이라는 이름으로 행해지고 있는 것을 보면, 실제로 교육적 낭비에 불과한 일들이 태반이다. 도시의 학교에서는 수작업이나 육체노동과 지성을 계발하기 위한 교육은 서로 아무런 관계가 없는 것으로 간주하고 있다. 건강을 위해서 가르친다고 하는 몇몇 신체 단련법 또한 인위적이고 쓸모없는 것이 대부분이어서 누군가 거기서 뭔가 좋은 효과를 보았다고 하면 그것이 오히려 이상할 정도이다. 그래서 지금과 같은 교육 체제에서 길러진 젊은이들의 체력과 지구력은 다른 평범한 노동자와 비교해서 상대가 안 된다. '교육받은' 젊은이들은 가벼운 육체노동에도 머리 아파하고 햇빛에 조금만 노출되어도 현기증을 일으킨다.

그런데 문제는 오히려 이러한 현상을 지극히 '당연한' 것으로 여긴다는 사실이다. 또한 영혼의 고양을 위한 심성 교육도 전혀 절제되지 못한, 거친 방식으로 성급하고 형식적으로 진행되면서 결국 우리 사회가 도덕적, 영적 파탄이라는 상황을 맞이하는 지경에까지 이르게 되었다. 그런데 어처구니없게도 사람들은 이러한 도덕적, 영적 파탄의 현실마저도 매우 정상적인 것으로 받아들이고 있지 않은가!

심성 교육

이번에는 위와는 반대되는 경우로, 학교에 입학해서부터 심성 교육을 제대로 받는 어린이에 대해서 생각해보고자 한다. 어린이가 학교에 입학해서 직조나 목공일, 농업 등 실제 생활과 연계된 교육을 받으면서 자기가 해야 할 일을 어떤 식으로 운영하여야 하는지, 그리고 자기가 다루어야 할 도구의 구조는 어떠하며, 또 그 사용 방법은 어떠한지에 대해서 매우 완벽하게 이해하게 되었다고 가정해보자.

이는 그 어린이가 자신이 받은 교육을 통해서 신체를 건강하게 단련시킴은 물론, 지성까지도 건전하고 활력 있게 발전시켰다는 의미일 것이다. 그리고 그렇게 얻은 지식이야말로 실용성 없는 단순한 '연구실 이론'이 아닌, 일상의 경험에서 검증되는, 현실에 단단히 기초한 살아 있는 지식인 것이다. 특히 좀 더 합리적이고 효율적인 직업 교육을 위해서는 수학과 같은 과목을 지식 교육 내용에 포함시키는 것이 필요할 것이며, 여기에 자신을 재충전하기 위한 문학 과목까지 덧붙이면 신체와 정신과 영혼이 모두 각기 제 기능을 잘 발휘하여 자연스럽고도 조화로운 '전체'를 이룬, 완벽하게 균형 잡힌 전인 교육이 가능할 수 있는 것이다. 인간은 지성만을 가지고 있는 것이 아니며, 짐승처럼 조대한 몸뚱이만을 가지고 있는 것도 아니며, 오로지 마음이나 영혼으로만 되어 있는 것도 아니다. 그래서 필요한 모든 자질을 고루 갖춘, 전면적으로 성장한 인간이 되기 위해서는 바로 이 세 요소의 적절한 조화가 필요하다고 말하는 것이며, 바로 이것만이 낭비 없는 효율적인 교육을 행하는 길이다. 그런데 혹자는 이런 식의 교육은 우리가 독립을 이룬 후에나 가능할 것이라고 주장하는데, 이는 마치 말을 마차 뒤에 매야 한다고 말하는 것처럼 들려서 매우 안타깝기 그지없다. 오히려 앞에서 말한 방식으로 국민 각자에게 적합한 직업 교육을 실시하고, 또 그들에게 모두 함께 이로울 수 있는 '공동 선'을 위해서 살아가도록 가르친다면 우리나라의 독립은 훨씬 더 앞당겨질 수 있다.

-《하리잔》, 1937년 5월 8일

7부

진정한 의미에서의 정치 교육이
바로 성인 교육이다

48 읽고 쓸 줄 안다는 것

읽고 쓰기를 가르치는 문해 교육이 필요하다. 사람은 읽고 쓸 줄 알아야 하기 때문이다. 그러나 그것이 전부는 아니다. 즉 읽고 쓰는 능력은 수단일지언정 목적은 아니라는 말이다. 어떤 사람이 이해력은 있는데 글자를 모른다고 하자. 그것이 무슨 문제란 말인가! 세계적으로 위대한 스승과 개혁자 중에는 글자를 모르는 사람이 많았다. 예수나 모하메드가 그랬고, 보어(Boer : 네덜란드계의 남아프리카 이주민) 대통령인 크루거는 자기 이름만 간신히 쓸 정도로 글자를 몰랐으며, 아프가니스탄의 전(前) 수장(首長) 역시 마찬가지였다. 그럼에도 불구하고 이들 모두는 거의 완벽한 이해력을 갖추고 있었다.

혹자는 내가 특별한 사람들에 대해서만 이야기하고 있다고 할는지 모르겠다. 물론 그들은 특별한 사람들이다. 그러나 그들이야말로 글자를 모르고도 얼마든지 잘 살 수 있다는 사실을 누구보다도 잘 증명해주고 있지 않은가! 오늘날에도 지구 상의 모든 사람들 중에서 글을 모르는 사람이 참으로 많지만, 그렇다고 해서 그들이 이해력조차 없다는 것을 의미하는 것은 아니다.

- 《나바지반》, 1922년 1월 15일

49 사회 교육

사회 교육 또는 성인 교육은 어린이 교육보다 훨씬 더 어려운 문제이다. 어린이 교육의 경우에는 참고할 만한 사례들이 많이 있지만 성인 교육의 경우에는 길잡이가 될 만한 국내 사례가 거의 없고 외국에서 실천된 몇 가지 사례만을 찾아볼 수 있을 뿐이다. 그러나 인도 상황이 그 나라들과는 전혀 다르기 때문에 몇 안 되는 외국 사례들마저도 우리에게 별로 도움이 되질 않는다.

현재 우리의 종교 사상과 이에 기초한 삶의 방식이 매우 허약해져 있고, 다양한 종교에서 비롯된 분쟁이 빈번한 상황에서 힌두교도, 회교도, 파르시스교도, 기독교도 등 서로 다른 종교를 가진 사람들에게 똑같은 내용의 성인 교육을 할 수는 없다. 예를 들면, '소 보호(cow-protection)'와 관련해서 우리가 힌두교도에게 하듯이 회교도에게 같은 입장을 강요할 수는 없다. 그러나 그렇다고 해서 힌두교와 회교 사이의 종교적 분쟁이 옳지 못하다는 것을 깨우쳐주는 노력을 포기할 수는 없는 노릇이다. 사회를 변혁한다는 것은 실로 엄청나고 어려운 작업이다. 모든 사회는 그 고유의 성격이 있는 것이고, 또 그 사회 특유의 계급간의 갈등을 겪고 있다. 회교나 기독교라고 해서 계급 갈등이 없다고 생각하면 오산이다. 그들 사회도 이미 힌두교의 영향을 받아서 나름의 계급 갈등을 겪고 있는 것이다.

그런데 건강이나 보건, 정치(나는 여기에 경제를 포함시키고자 한다)와 같은 주제는 각자의 종교와 관계없이 모든 사람에게 보편적 의미를 가질 수 있다고 말할 수 있겠지만, 이곳 인도에서는, 이상하게 보일지 모르겠지만, 위의 주제들이 모두 종교와 밀접하게 관련되어 있다. 예를 들어, 서로 다른 종교를 가진 사람들은 정치를 서로 다르게 이해한다. 보건, 위생의 문제도 마찬가지다. 일반적으로, 질병을 치료하는 데에는 반드시 종교적 정서가 반영된다. 그리고 아무리 교육자라 할지라도 회복기에 있는 모든 사람에게 똑같이 비프 티(beef - tea : 쇠고기를 고아서 만든 환자용 영양 음료)를 권할 수도 없고, 물을 마시는 문제에서 회교도에게 위생 규칙을 따르는 것이 좋다고 납득시킬 수도 없는 것이다.

230

사회 교육의 의미

그렇다면 이런 상황에서 사회 교육을 도대체 어떻게 시작할 수 있으며, 또 사회 교육의 범주와 한계는 어디까지인가? 일단 전체 국민을 대상으로 하는 교육인 사회 교육은 야학을 열어서 피곤해 하는 노동자에게 글자를 가르치자는 것이 아니다. 그렇다면 사회 교육에 종사하는 교사는 무엇을 해야 하는가?

나는 현 상황에서 사회 교육 교사가 할 수 있는 것이 두 가지 있다고 생각한다. 첫째, 교사는 한 마을에 정착해서 그곳 사람들과 어우러져야 하며, 마을 사람들을 위해서 봉사해야 한다. 마을 사람들에게 봉사하는 만큼 그들을 교육할 수 있는 여지도 생기는 것이다. 다른 하나는, 사람들을 교육하는 데 사용할 간단한 책들을 저렴한 비용으로 만들어서 사람들에게 보급하는 것이다.[38] 책을 보급하는 운동을 전개하는 과정에서, 운동에 참여하는 자원 봉사자들이 문맹자들에게 책을 읽어주

---

[38] 톨스토이는 1869년 《전쟁과 평화》를 쓰고 나서부터 4년 동안 교과서 만들기에 몰두하여 러시아의 오래된 민요, 속담, 영웅 서사시, 외국의 동화 그리고 수학, 물리학, 천문학 관련 서적들을 읽고서 초등 교육과 러시아어 독본을 출판하였다(박홍규, 《아나키즘 이야기》, 2004, 이학사, 271쪽). 그런데 사실 톨스토이뿐만 아니라 대안 교육 실천가들이 스스로 교재를 만드는 일은 그 교육의 이념과 목표를 실현하는 데 매우 중요한 역할을 한다.

는 것이 중요한데, 왜냐하면 이것이 점차적으로 발전하여 상시적인 교육 체계로 바뀔 수 있기 때문이다.

사회 교육에 대한 나의 이러한 생각이 옳다면, 사회 교육을 위한 최우선의 과제는 제대로 된 교사를 양성하는 일일 것이다. 일반 대중을 가르치는 교사는 무엇보다도 훌륭한 인격자이어야 한다. 만약 고결한 인격을 갖추지 못하였다고 한다면, 그 교사는 마치 짠맛 나지 않는 소금과 같다고 할 것이다.

-《참교육》, 159쪽

50 성인 교육

내가 만일 성인 교육을 하게 된다면, 나는 학생(성인)들이 우리나라의 위대함과 광대함에 대해 눈을 뜨게 하는 일부터 시작할 것이다. 시골에 사는 사람들은 자기가 사는 마을이 인도의 전체인 것처럼 생각한다. 그래서 다른 마을에 가서 자기 마을 이야기를 하면서도, 줄곧 우리나라가 어쩌느니 하는 식으로 말한다. 또한 그들에게는 힌두스탄[39]이라는 말도 기껏해야 지명일 뿐, 그들은 거기에 딸린 사회·정치적인 의미를 전혀 모른다. 그런데 문제는 이러한 무지가 인도의 거의 모든 시골 지역에 만연되어 있다는 사실조차도 우리가 잘 모르고 있다는 것이다. …… 그래서 내가 말하는 성인 교육이란 무엇보

---

39 힌두스탄(Hindustan)이란 인도의 힌두교 지대로, 이슬람교 지대인 파키스탄 지방에 대칭하는 호칭이다.

다도 성인을 대상으로, 구어(口語)로 하는, 진정한 의미에서
의 정치 교육이라고 할 수 있다. …… 물론 그렇다고 해서 교
육을 구어로만 해야 한다는 말은 아니고, 문해 교육도 할 것이
다. 이렇듯 구어로 시작해서 자연스럽게 문해 교육으로 연결
시키면서 진정한 의미에서의 정치 교육을 하는 것, 바로 이것
이 성인 교육의 특성이며, 이러한 성인 교육의 교육 기간을 단
축하기 위해서 여러 가지 방법들이 시도되고 있다.

－《건설적 프로그램》, 16쪽

문맹 대중

참으로 많은 인도인들을 문맹의 상태로 방치하는 것은 사
실 우리의 부끄러움이며, 심지어 죄라고 할 수 있기 때문에 반
드시 이 문제를 해결하여야 한다. 하지만 그렇다고 해서 문맹
퇴치의 문제를, 글자를 깨치게 하는 차원 정도의 일로 좁혀 접
근해서는 안 된다. 문해 교육은 삶에 필요한 지식을 확산하는
작업과 병행하여 진행해야 한다. 읽기나 쓰기, 셈하기와 같은,
시골의 실생활에 직접적으로 관련이 없는 지식은 지금도 그렇
지만, 앞으로도 시골 사람들 삶의 필수 불가결한 요소가 될 필
요가 전혀 없다. 그들에게는 일상생활에서 실제로 유용하게
쓸 수 있는 지식이 무엇보다도 필요한 것이다. 그러나 그들의

실생활에 필요한 지식이라고 해서 강제로 주입하려고 해서는 안 되며, 그들 스스로 그러한 지식을 얻고자 노력하게 만들어야 한다. 그런데 불행히도 오늘날 그들이 알고 있는 지식이라는 것들이 실제로는 그들에게 꼭 필요한 것도, 또 그들이 자발적으로 원한 것도 아니다. 그러나 그들에게 자신이 살고 있는 지역에 필요한 수학, 그 지역 지리, 그 지역 역사 그리고 그들의 지역에서 쓰일 수 있는 읽기와 쓰기를 가르쳐보라! 그들은 분명 그러한 지식을 소중히 여길 것이고, 또 다음 세대에까지 물려주려고 할 것이다. 그러나 그들이 배우는 지식이 자신의 일상생활에 직접적으로 도움을 주는 것들이 아니라고 느끼게 되면 그 어떤 책들을 가져다준들 별 필요를 못 느낄 것이다.

-《하리잔》, 1940년 6월 22일

책을 옮기고 나서

위대한 '꿈'을 실현한 사람들을 정리해보자는 생각을 한 지는 오래되었지만 이제야 그 첫 발을 디뎠습니다. 제가 그런 생각을 하게 된 계기가 되었던 책인 《간디, 나의 교육철학》을 우연히 '만난' 지도 벌써 십여 년이 흘렀습니다. 이 책은 간디의 제자 아난드 힌고라니(Anand T. Hingorani)가 간디가 발표한 글 가운데 그의 교육철학을 엿볼 수 있는 글을 모아서 *My Views on Education*이라는 제목으로 1970년에 출간되었습니다. 책을 번역하면서 어떤 구절은 지금 이 순간에도 그대로 적용될 수 있는 큰 가르침을 담고 있는가 하면 또 어떤 구절은 약간은 '시대에 뒤떨어진' 느낌을 주는 생각들도 있어서 과연 번역이 필요한 일일까 고민한 적도 있었습니다. 혹시 똑같은 생각을 하게 될 독자가 계실지 몰라서 '손끝이 아닌, 손끝이 가리키는 곳을 보자'고 미리 말씀드립니다. 그렇게 하시면 '옛날 사람'의 생각이 결코 구시대적인 것이 아니고 지금 우리 교육에 여전히 생동감 있는 시사점을 주고 있음을 느끼시게 될 것입니다.

'오래된 미래(ancient future)'라는 말이 있습니다. 앞으로 우리가 살아가야 할 삶의 방식은 어쩌면 '옛것'이라는 이유만으로 무시했던 바로 그 삶의 방식에서 배워야 할는지 모른다는 문명사적 반성과 성찰의 의미를 담고 있는 말입니다. 사람들은 현대 사회가 직면한 심각한 문제들을 타개하기 위해서 '새로운' 전문 지식이나 과학 기술에 과도하게 의존하는 경향이 있습니다. 이에 반하여, 현대 문제의 상당 부분은 옛사람들의 지혜와 생활 방식을 빌리면 해결될 수 있다는 믿음이 바로 '오래된 미래'인 것입니다. 교육 문제도 마찬가지입니다. 많은 사람들은 '새로운' 교육 방법이 교육을 개혁하는 길이라고 믿는 경향이 있는데, 참으로 근거 없는 오해입니다. 지금의 문제를 해결하는 대안이 반드시 '새로운 것'이어야 할 이유가 전혀 없기 때문입니다.

저는 우리 교육의 근본적인 문제는 교육철학의 부재라고 생각합니다. 많은 사람들이 입시 위주의 획일적 교육이 근본 문제라고 말하고 있지만, 입시 위주의 획일적 교육은 결과로 나타난 문제이지 그것이 원인이 되어 우리가 목격하고 있는 지금의 교육 문제들이 나온 것이 아니라는 것입니다. 따라서 무엇보다도 교육하는 이유를 분명히 할 필요가 있는데, 《간디, 나의 교육철학》이 교사 개인적 차원이나 국가 차원의 교육에서 교육철학을 정립하는 것의 시급성과 중요성을 인식하는 계기가 될 수 있기를 희망하고 있습니다. '어떻게 가르칠 것인가'라는 질문에 대해서는 '무엇을, 왜 가르쳐야 하는가'에 대한 대답을 가지고 있는 사람들만이 답할 수 있습니다. 간디는 삶의 다양한 영역에서 교육이 어떤 방향으로 가야 하는지와 왜 그렇게 해야 하는지에 대해서 분명한 '이유'를 가지고 있습니다. 그리고 이렇듯 뚜렷한 '자기(自己) 이유(理由)'를 가지고 있었기에 당시의 수많은 전문가들의 '비현실적' 견해들로부터 '자유(自由)'로운 생각을 할 수 있었던 것입니다. 간디가 보여준 것처럼, 우리도 어떤 교육을 하더라도 그렇게 하는 것이 최선일 수 있는 '분명한 이유'를 가짐으로써, 숱한 편견과 오해가 난무한 교육 현실로부터 '자유'로운, 새롭고 대안적인 교육 전망을 세울 수 있기를 진심으로 바랍니다. 교육에 대한 간디의 '오래된 생각'에서 우리 교육의 미래를 위한 '대안'을 끄집어낼 수 있기를 희망합니다.

바로 이런 이유에서, 간디의 교육에 대한 '오래된 생각'이 '시대에 뒤떨어진' 느낌을 주면 어쩌나 하는 걱정은 쉽게 떨쳐

버릴 수 있었습니다. 그런데 번역을 결정하기까지 저를 주저
하게 만든 훨씬 더 큰 걸림돌이 또 하나 있었습니다. 교육을
바라보는 간디의 시각이 서로 모순적일 때가 있다는 것이 바
로 그것입니다. 하지만 이러한 모순의 원인을 이해하려고 노
력하면서 깨달은 것이 한 가지 있는데, 그것은 간디 스스로 모
순으로부터 자유로워지려 하지 않았다는 사실입니다. 간디는
모순이 인격 발달에 꼭 필요한 요소이며 "모순이 없는 사람은
어린아이밖에 없다"고 생각했습니다.

나는 쓰고 말할 때 내가 예전에 무슨 말을 했는지 생각지
않는다. 예전에 어떤 질문에 대답한 것과 지금 한 말이 일
치하는지도 신경 쓰지 않는다. 나는 현재 내게 진리로 보이
는 것에 맞추려고 노력한다. 그래서 나는 진리에서 진리로
성장할 뿐 모든 것을 기억하려는 부담감에서는 벗어난다.[40]

번역 작업을 계속하는 것이 과연 필요한 일일까 한동안 회
의하게 만들었던 간디의 '생각들의 모순'이 실은 '완전한 진

---

40 요르크 치틀라우(Jörg Zittlau)의 《경영자 간디(Gandhi für Manager)》(한
경희 역, 2004, 서울 : 21세기북스) 중 17쪽에서 인용.

리'를 추구하는 '보통 사람'이 겪을 수밖에 없는 건강한 삶의 태도라는 깨달음은 제가 《간디, 나의 교육철학》에서 얻은 가장 큰 기쁨 중의 하나였습니다. '생각들의 모순'의 한 예로, 1899년에 일어난 보어 전쟁에서 인도인들이 간디의 지휘 아래 영국을 적극적으로 지원하는 사건이 있었습니다. 이는 어찌 보면 간디의 비폭력 원칙(아힘사, ahimsā)에 어긋난다고 생각할 수 있습니다. 하지만 비폭력 원칙을 삶의 철학으로 굳건하게 지켰던 간디는 정치 활동에서 폭력을 완전히 배제하지는 않았던 것입니다. 즉 간디는 스스로 만든 원칙의 노예가 되지 않고 상황에 맞게 대응할 수 있는 자유로운 사고를 하였던 것이며, 이는 그가 '완전한 진리'를 추구하는 '보통 사람'이었기 때문입니다. 간디는 말합니다. "비겁과 폭력 가운데 하나를 선택해야 할 상황이라면 나는 폭력을 선택하겠다"[41]라고. 남다른 이상과 철학, 원칙을 가지고 삶을 산 사람이지만 결코 원칙의 노예가 아닌, 매우 '현실적'인 간디를 이 책을 통해 만나보시기 바랍니다.

물론 간디와의 만남이 별로 새로울 일이 아니라고 생각하실 수도 있습니다. 사실 간디를 모르거나 간디의 영향을 받지

---

41 요르크 치들라우의 책 35쪽에서 인용.

않은 지역은 지구상에 거의 없다고 할 수 있을 정도이기 때문입니다. "히로시마와 베이징, 모스크바 그리고 마드리드에서 간디의 전기가 읽히고 있으며 미소 짓는 그의 얼굴과 흉상은 인도에 가본 적도 없고 인도의 다른 지도자들을 전혀 모르는 사람들에게도 익숙한 모습"[42]입니다. 남아프리카 공화국의 첫 흑인 대통령 넬슨 만델라는 간디가 남아프리카에서 처음으로 독방에 감금되었던 바로 그 감옥에 감금된 적이 있었는데, 거기서 자신의 열정적인 삶에 간디가 준 영감을 떠올리며 "세월이 우리 사이를 가로막고 있기는 하지만 공통된 감옥의 경험들과 부당한 법에 대한 저항이 우리 두 사람을 연결하고 있다"[43]고 말했다고 합니다. 그런데 이처럼 간디에게서 깊은 영향을 받은 '유명한' 사람들만 추려내도 그 수를 헤아릴 수 없는 상황에서 새삼스럽게 《간디, 나의 교육철학》을 번역해 소개해야겠다고 결심하게 된 것은 간디의 사상은 많이 소개되었지만 교육에 대한 간디의 생각만을 정리한 책이 우리 사회에 아직 소개되지 않았기 때문입니다.

저는 교육하는 이유, 즉 교육의 목적은 삶을 좀 더 '잘 살

---

42 스탠리 월퍼트(Stanley Wolpert)의 《영혼의 리더십(Gandhi's Passion)》(한국리더십학회 역, 2002, 서울 : 시학사) 중 28쪽에서 인용.
43 스탠리 월퍼트의 책 24쪽에서 인용.

게' 만드는 것이라고 생각합니다. '잘 산다는 것'이 어떤 내용을 갖는가 하는 것은 각자의 가치관에 따라 달라지지만, 아무튼 보편 교육 단계에서의 교육의 '존재 이유'는 그 교육을 받은 사람이 그렇지 않았을 경우보다 더 '잘 살 수 있게 하는 것'이라고 할 수 있습니다. 그러면 무엇이 '잘 사는 것'일까요? 간디가 미국을 방문했을 때, 기자들은 간디에게 미국 시민들에게 전하고 싶은 메시지를 말해달라고 요청합니다. 간디는 "내 삶이 메시지입니다"라고 답하면서 기차에 오릅니다. 가르치고 싶은 삶을 말이나 교육 이론으로서가 아니라 직접 살아 보이겠다는 뜻이지요. 그래서 《간디, 나의 교육철학》은 교육에 대한 간디의 '관념적 사색'을 모아놓은 것이 아니라, 간디 자신의 삶의 기록이라고 할 수 있습니다. 교육에 대한 단상 하나하나마다 삶에 대한 간디의 '이론과 실천'이 담겨 있기 때문입니다. 《간디, 나의 교육철학》은 바로 삶의 '프락시스 (praxis, 이론과 실천의 통합)'를 교육의 프락시스로 연결시킬 때 교육이 개인과 사회의 변화에 매우 핵심적인 동력이 될 수 있다는 사실을 보여줌으로써 우리 교육에 주는 시사점이 참으로 크다고 생각합니다.

끝으로 고백할 것이 하나 있습니다. 이 책을 마무리하면서 제 마음속에는 참으로 무거운 마음의 '빚'이 생겼습니다. 이 책을 통해서 하고 싶은 말을 왜 꼭 간디로 시작해야만 하는가, 김교신, 함석헌, 이찬갑, 전영창, 장기려, 홍순명, 김정환 …… 등과 같은 분들 중에서 시작해야 하지 않았을까 하는 심적 부담 말입니다. 예를 들어, 1993년에 전북 부안 천도교 호암수도원에서 발굴한 《해월문집》에 실린 통문들 중에 다음과 같은 내용이 있었다고 합니다.

하나, 생선과 고기, 술과 담배는 도인들의 기혈과 정신을 상하게 하는 것이 있어서 조금도 이익됨이 없으므로 일체 금지할 것.

하나, 무릇 사치스러운 물건은 방탕한 자들이나 좋아하는 바요, 마음을 다스리고자 하는 사람들이 취할 바가 아니다. 도유(道儒 : 동학 신자)들의 사치를 좋아하는 폐단을 금하고 막을 것.

하나, 우리 동학의 도유들은 통양(通樣) 갓, 서양 비단(洋紗), 당목(唐木), 채단(綵緞) 등을 일체 금지하며 오직 녹포(鹿布)와 녹목(鹿木)만을 입을 것. (《해월문집》, 1892)[44]

---

44 박맹수의 글 "서구적 근대의 신화를 넘어서"(《풍경소리》, 2004, 67호, 11~23쪽)에서 재인용.

1890년대에 이미 해월 선생께서 채식의 중요성을 설파하신 것은 물론, '조선(朝鮮)식 스와데시'(수입품인 서양 비단과 당목 사용을 금지하고 국산품인 녹포와 녹목 사용을 권장) 운동을 하신 것은 참으로 놀라운 사실입니다. 그런데 부끄럽게도, 인도의 간디가 물레를 돌리면서 영국의 식민 지배와 서양의 자본주의 경제 체제에 맞서려 했다는 것은 잘 알면서도 해월 선생께서 수입품을 금하고 국산품을 쓰도록 통문을 발송했다는 사실을 아는 사람은 많지 않으며, 저도 바로 그 '무지(無知)'한 사람들 중의 하나입니다.

이 땅의 '영혼의 스승들'이 우리 아이들 '마음'속 한가운데에서 살아 숨 쉬게 하는 일이 우리 교육에 그 무엇보다도 절실하다고 생각하고 있으면서도 막상 능력과 물리적 여건이 허락지 않아 쌓여가는 자료만 보고 있으려니 마음만 급하고 무거울 따름입니다. 지금으로선, 자격과 능력과 의지가 있는 분이 우리나라 '참스승의 교육철학'을 정리하시기를 바랄 뿐이며, 그러한 책을 손에 쥘 때 제 마음은 무척 기쁠 것입니다.

이 책을 읽는 모든 분들 각자가 사는 그곳에서 이 책이 '참자유인'으로서의 삶과 교육을 만들어가는 데 조그만 힘이 되기를 바랍니다. 그렇게 된다면 저뿐만 아니라 이 책이 나오기까지 함께 애쓴 모든 사람들의 노력이 참으로 크게 보상받는 것이겠지요. 흔쾌히 출판을 허락해주신 문예출판사 여러분을 비롯하여 책이 나오기까지 도움을 주신 모든 분들께 다시 한 번 깊이 감사드립니다.

2006년 3월 항동골에서

옮긴이 고병헌

옮긴이 **고병헌**(高炳憲)

성공회대학교 교양학부 교수, 평생학습사회연구소 소장.

고려대학교 교육학과를 졸업하고 미국으로 건너가 아메리칸대학교에서 일
반교육학으로 석사 학위를 취득하고, 같은 대학교 교육행정학 박사 과정에
서 1년간 공부했다.

그 후 영국으로 건너가 글래스고대학교와 런던대학교 Institute of Education
에서 각각 1년간 시민 교육으로서의 평화 교육을 공부했고, 고려대학교에서
평화 교육으로 박사 학위를 취득했다.

현재 대안 교육, 평화 교육, 시민 교육, 평생 교육 분야에서 저술과 강연, 프로
젝트 실행 등의 활동을 활발히 하고 있다. 하지만 속으로는 "아빠가 반대하
는 것이면 틀림없다. 그 길로 가라!"는 확고한 삶의 철학을 가지고 사는 두
자녀(1녀 1남)와의 관계에서 생겨나는 교육학자로서의 정체성과 능력에 대
한 회의로 '무기력'한 일상을 보내고 있다. 그래도 "아빠의 생각에는 조금은
멋있는 데가 있어!"라고 가끔씩 지나가는 말로 툭 던지는 아이들의 말에 없
는 의미까지 붙여가면서 가르치고, 강연하고, 글 쓰는 일을 그만두지 않고 있
다. 속도 없이.

간디, 나의 교육철학

1판 1쇄 발행 2006년 3월 3일
1판 9쇄 발행 2020년 2월 10일

지은이 마하트마 간디 | **옮긴이** 고병헌
펴낸곳 (주)문예출판사 | **펴낸이** 전준배
출판등록 1966. 12. 2. 제 1-134호
주소 03992 서울시 마포구 월드컵북로 6길 30
전화 393-5681 | **팩스** 393-5685
홈페이지 www.moonye.com | **블로그** blog.naver.com/imoonye
페이스북 www.facebook.com/moonyepublishing | **이메일** info@moonye.com

ISBN 978-89-310-0527-1 03300